2021年
入試直前
特別号

先輩家族が極意を伝授

合格するぞ!

中学
受験

みんなで
合格を
つかもう!

入試本番まであと３カ月となりました。
ここからは、これまでの頑張りの総仕上げをする時。家族が支え合い、合格へのラストスパートをかける時です。
先輩受験生親子の経験を参考に、万全の状態で入試本番に臨む準備を、一緒に進めていきましょう。

イラスト★サタケシュンスケ

受験生の頑張り 保護者のサポート

現役受験生
トラ家族

合格しタイガ～!!
スケジュール管理をがんばるぞ
健康第一
母
父
子

先輩保護者アンケート

Q 入試直前、保護者のサポートで特に重要なことは？
（複数回答）

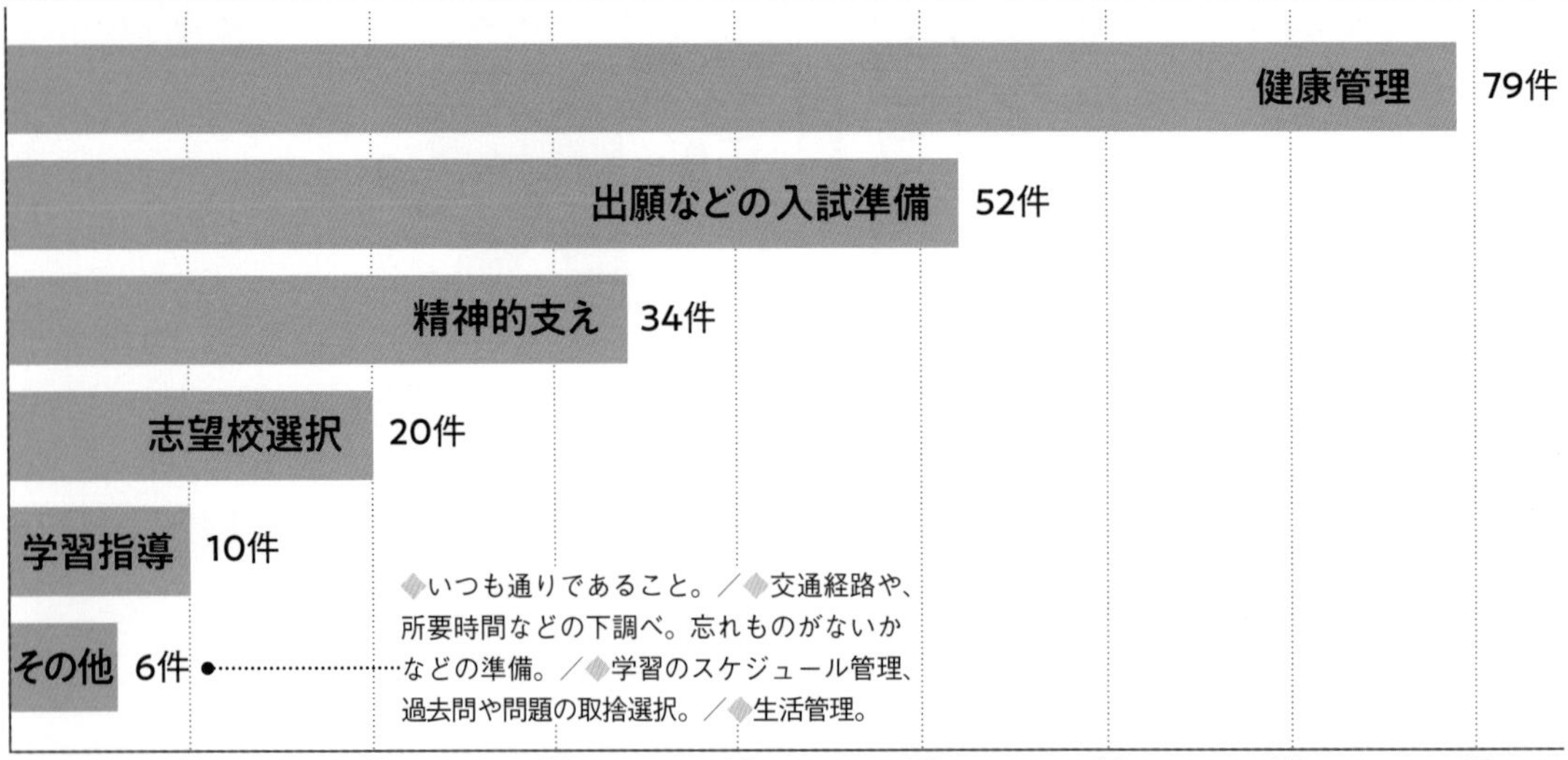
健康管理 79件
出願などの入試準備 52件
精神的支え 34件
志望校選択 20件
学習指導 10件
その他 6件
0
10
20
30
40
50
60
70
80

◆いつも通りであること。／◆交通経路や、所要時間などの下調べ。忘れものがないかなどの準備。／◆学習のスケジュール管理、過去問や問題の取捨選択。／◆生活管理。

+α

先輩家族に教わる極意

最高の合格！

私たちが得た極意をお伝えします
受験を楽しもう～
子
母
父

先輩受験生
ウシ家族

合格に必要なのは学力＋保護者のサポート力！

志望校に合格するためには、受験生の学力はもちろん大切。でも、それに加えて保護者のサポートもかなり重要です。特に入試直前は、ベストな状態で子どもを試験会場に送り出せるよう、健康管理やメンタルケア、出願などの入試準備、安全校を含めた併願パターンの作成など、保護者のサポート＆ケアは不可欠です。

入試期間中も、合否によって新たに出願を追加する、合格校の延納届けを出すなど、柔軟な対応が保護者には求められます。

中学受験は家族の受験と言われます。「受験生だけ」「保護者だけ」ががんばってもいい結果は得られません。入試を受け終えるその瞬間まで、子どもの力は伸びます。その伸びを最大限発揮させられるよう、保護者は受験生を上手にサポートしてあげてください。

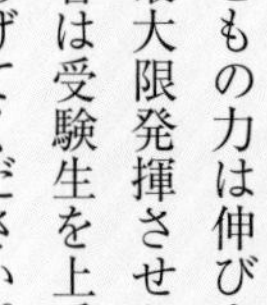
先輩保護者
アンケート

本誌の各所に出てくる先輩保護者アンケート集計は、2021年２月に中学受験を終えた先輩保護者の回答によるものです。有効回答数は102件。

※コメントの末尾の学校名は進学先です。共学のみ、子どもの性別を記載。コメントの内容は、併願校に関する場合もあります。

★コメントの内容は2021年１～２月に実施された中学入試についてのものです。2022年入試では、社会情勢などにより変更が生じていることがあります。

先輩保護者アンケート

Q 中学受験で1番大切なことは？

◆中学受験はあくまで人生の中での通過点なので、勉強することや学ぶことの意義や楽しさを知ることが大切だと思います。（●浅野）

◆子どもの力を信じること。本人の意志を尊重し見守ること。他の子と比べないこと。（●麻布）

◆かなり受験生にプレッシャー、ストレスがかかるので、あまり親からプレッシャーをかけすぎないことかと思います。（●海城）

◆親の中で、中学受験することに迷いが生じないこと。本人のやる気。（●鎌倉学園）

◆子どもの成長を待つこと。（●駒場東邦）

◆子どもが主役、親はサポート。でも、家族みんなで戦っていることが大切だと思います。（●世田谷学園）

◆親が子どもをよく観察すること。（●桐朋）

◆子どもを信じ、応援してあげること（でもとても難しい…信じられなくなり、怒ってばかりで負のスパイラルになりがち）。（●本郷）

◆親子で話しあうこと。子どもは心身ともに成長する時期なので、つかずはなれず近くから見守りつつ、必要なときには声をかける、気にかける、日々のコミュニケーションが大切だと思います。（●立教池袋）

◆毎日コツコツ、継続は力なりです。子どもに寄り添う気持ちや、親は冷静な行動を心がけた方が良いかと思います。（●早稲田）

◆子どもと親の精神的な安定。（●早稲田）

◆健康を保つこと。（●桜蔭）

◆親の冷静さ、忍耐力。（●品川女子学院）

◆子どもを信じること。子どもの気持ち、考えを尊重すること。（●品川女子学院）

◆気力体力。学校選びは子ども自身で決める。（●十文字）

◆あきらめないこと、コツコツつみ重ねること。そして楽しむこと。（●女子学院）

◆自分で自分のことを理解すること。（●洗足学園）

◆子どもに学ぶ楽しさを知ってもらうことだと考えています。（●豊島岡女子学園）

◆試験を受けるのも勉強するのも学校へいくのも、子どもであることを理解することが大事だと思う。子どもの偏差値や世論に惑わされずに、自分の子どもが輝ける学校を探すのが親の最も大切な役目だと思う。（●日本女子大学附属）

◆家族の目線をあわせておくこと。（●立教女学院）

◆親の覚悟。（◐湘南学園・男子）

◆中学受験が全てではなく、ゴールでもないことを親子で共有認識すること。（◐中央大学附属・男子）

◆母親の私自身が、カリカリしすぎてそれが子どものメンタルにとても影響する事を痛感したので、子どもを信じる心、気持ちは大切だと思った。（◐東京電機大学・男子）

◆この学校で6年間学びたい！という本人の強い意志。（◐東邦大学付属東邦・男子）

◆コツコツと根気よく続けること！（◐日本大学・男子）

◆子どもの力を信じること。（◐三田国際学園・男子）

◆やり切ること。成績が下がったら「もうだめだ」と親も子どもも思いますが、行きたい学校に「合格さえすればいい」、一番下の成績でも「合格」は「合格」。その合格さえあればいいのだと言ってきた。（◐明治大学付属明治・女子）

◆夢をあきらめない。成績が上下しても、目標校をかえない。（■◐神奈川県立相模原・男子）

◆一喜一憂しないこと。淡々と目の前のことをこなすこと。（■◐千葉市立稲毛国際※・女子）

●男子校、●女子校、◐共学校、■公立中高一貫校
（ ）内の学校名は進学先です。共学のみ、子どもの性別を記載。
コメントの内容は進学先のこととは限りません。

※千葉市立稲毛国際…2022年に千葉市立稲毛高等学校附属から校名変更、中等教育学校に改組予定。

合格の極意

1

入試本番までのスケジュール

これから入試本番までは、保護者も受験生も大忙しです。
まずは全体の流れをしっかりと把握し、
そのうえで「いつ、誰が、何を、どうすればいいのか」
といったわが家のスケジュール表を作っておきましょう。

目次

合格の極意 1

まずは 全体の流れを確認しよう！

11〜2月の流れ

2021 11月

学校訪問（オンラインも活用）
- 文化祭を見学
- 入試説明会に参加

要項を入手

→ **併願校を絞り込む** P24へ

12月

→ **受験する学校を最終決定** P30へ

出願方法の確認、準備 P34へ

公開模試を受ける

完璧なスケジュール管理で合格に近づこう

これから入試本番までの3カ月間は、中学受験の総仕上げの時期。やるべきことは山積みですが、「いつ、誰が、何を、どうすればいいのか」をきちんと把握して、一つひとつこなしていきましょう。

そのためにまず、「いつ、何を」を整理することから始めましょう。スケジュール管理は保護者の大事な役目。これからの予定を書き出して、早めに準備をしておくことが大切です。11月から2月までの大きな流れは上のとおり。流れをつかんだ後は、月ごとのカレンダー形式のスケジュール表で、「誰が、何を」を整理しましょう。

出来上がったら、リビングなどに貼って家族みんなで共有。完璧なスケジュール管理で、合格へ！

この2種類のスケジュール表がマスト！

入試スケジュール表

入試当日の行動予定や、受験校（試験）ごとの出願締め切りや合格発表日時をまとめよう。

「特別とじこみ　書き込み式入試スケジュール表」を活用しよう。

▶使い方は20ページへ

カレンダー形式
「やること」スケジュール表

「いつ、誰が、何を」を整理して家族で共有するスケジュール表。リビングの壁などに貼っておこう。

▶12ページへ

＊出願から入学手続きまでのスケジュールを確認

P12へ

＊面接の準備

P85へ

2022 1月

茨城・埼玉 千葉・西日本などで入試が始まる

＊出願

P36へ

2月

東京・神奈川で入試が始まる

入試本番

P60へ

＊合格発表

P74へ

＊入学手続き

P75へ

冬期講習

やることスケジュールは、この順番で書き込もう！

1 欠席できない小学校の学校行事

小学校生活の思い出づくりも大切。秋の運動会や学芸会などが公開模試と重なった場合には、小学校の学校行事を優先させよう。また、本人だけでなく保護者も、学校説明会などのために子どもの晴れ舞台を見逃すことのないように。

2 志望校の「開催日限定」の説明会・行事

今年は公開中止となる文化祭・体育祭も多いが、動画公開やWEB配信をしている学校も。学校を知る＆魅力を再確認する貴重な機会なので、ぜひ見ておきたい。予約制の行事や説明会など、実際に訪問できるチャンスも逃さないように。

3 公開模試

偏差値の変化や苦手な分野を知るためにも、公開模試はなるべく多く受験したい。とくに受験予定の学校が試験会場となる場合には、会場に慣れるというメリットもあるので、早めに申し込もう。

4 受験生本人不在ではできないこと

出願用の写真撮影や面接服の購入、インフルエンザの予防接種・歯科治療などは、本人がいなければ意味がない。小学校や塾の予定も把握したうえで、早めに日程を確定し、予約をしておくように。

5 「万が一」の学校の説明会

成績の変動や入試結果次第で「もしかしたら受験するかもしれない」学校の説明会にも可能な限り参加しておこう。保護者だけで参加した場合は、後で必ず受験生本人にも報告しよう。オンライン説明会なども活用を。

2021～2022年 月別 モデルカレンダー

家族の「やること」スケジュール表

先輩家族の体験をもとに作成しています。日程は今年度（2022年入試）のものに置き換えてあります。

第１志望校の入試説明会だったから私も見てみました。出題傾向や学習アドバイスが聞けたよ

お母さんが校章入りのシャープペンを買ってきてくれたよ。お守りにするんだ

金	土	日
5	6	7
12	13 B校入試説明会（オンライン）10：00～	14 D校入試説明会 10：00～ 要項入手
19	20 塾の保護者会	21 出願用の写真撮影
26 インフルエンザの予防接種（父）	27 F校入試説明会 10：30～	28

WEB出願用のデータと、プリントして指定のサイズにカットしてもらった写真の両方を購入しました

やることチェックの詳細

●入試説明会など

入試について具体的な説明が聞けるようになるのがこの時期からの説明会。学校によっては出題傾向や出題のヒントが得られることもある。

学校訪問時は、入試要項（願書）を入手しておくのはもちろん、入試当日の下見も兼ねて交通ルートの確認もしておこう。

●時事問題対策

その年の『重大ニュース』は、例年11月に発売される。購入して、しっかり対策を進めよう。テレビのニュースなどを見ながら、家族で時事問題を話題にしてみるのもいいだろう。

●出願用の写真撮影

出願用の写真はデータとプリン

2021年

11月

受験生　母　父

第１志望校が模試会場の１つになっていたので、すぐに申し込みました。あっという間に満席になってしまったようなので、早く申し込んでよかった！

2月1日まで
あと**92**日

月	火	水	木
1 12/5の公開模試の申し込み開始日	**2**	**3** 『2021重大ニュース』を購入	**4**
8	**9**	**10**	**11** 歯医者へ
15			**18** インフルエンザの予防接種［1回目］（母、本人）
22 12/19の公開模試の申し込み開始日	**23**	**24**	**25**
29	**30**		

歯科検診で虫歯が見つかった。痛くなる前に治療できてよかった～

やること

チェックリスト

- □ 入試説明会などの申し込み&参加
- □ 12月の公開模試の申し込み
- □ 時事問題対策
- □ 受験校をほぼ決定
- □ 入試要項（願書）の入手
- □ 出願用の写真撮影
- □ 塾の個人面談、保護者会
- □ インフルエンザ予防接種［1回目］
- □ 虫歯などの身体チェック
- □ 小学校の先生に、中学受験することを伝える
- □ 手洗い、うがい、マスクなどを励行

トの両方を用意しよう。学校によって指定サイズが異なるので確認を。写真店で撮る場合は、七五三の時期や年末年始は混み合うので注意。面接服を着て撮影するなら、購入時期など段取りを。

●インフルエンザ予防接種

インフルエンザの予防接種は、例年10月中旬頃から開始。子どもは1カ月程度あけて2回接種するので、1回目は10～11月頃に。家族も接種する場合は、そちらの予約も忘れずに。

●虫歯などの身体チェック

入試直前に「虫歯が痛み始めた」などということがないよう、いまのうちに身体的な不安要素は取り除いておきたい。歯や視力（メガネ）のチェック、持病への対策を。女子の場合は突然生理になることもあるので準備をしておこう。

併願パターンについて相談したところ、安全校が無いとの指摘で、２月１日午後にＣ校を受けることに

塾で面接の練習をしてくれたよ。10月に買っておいた面接用の服を着て行きました。緊張したけど面接のイメージがつかめてよかった！

安全校として受験を決めたＣ校は、まだ本人は行ったことがなかったので、個別訪問を申し込みました。クラブ活動も見学できて、生徒さんの雰囲気が気に入ったみたい。よかった

金	土	日
3 塾の個人面談	4	5 日能研全国公開模試（合格判定テスト）
10 Ｇ校ナイト説明会 19：00～	11 Ｃ校個別訪問 10：00～	12
17 塾で模擬面接	18	19 日能研 全国公開模試（合格判定テスト）
24	25 Ｂ校・Ｃ校・Ｄ校・Ｅ校・Ｆ校 WEB出願用ＩＤ登録	26
31		

冬期講習

最後の公開模試だったんだけど、成績がよくなくて…。お父さんに言われて、全体正答率の高い問題をふり返りました

志望理由の記入欄があることが判明した学校があったので、出願開始日までに文字数に合わせて原稿を作っておくことにしました

やること チェック の詳細

●受験校の最終決定

併願校を含め、合否のパターンごとに受験する可能性のある学校はすべて12月には決定しておこう。

●塾の個人面談

12月上旬までに併願校を最終決定するため、個人面談を行う場合が多い。受験校に迷いがあるなら、この面談で塾の先生に相談してみよう。

●願書の入力（記入）・出願

現在はほとんどの学校がＷＥＢ出願を採用している。ＷＥＢで入力するにしても紙に記入するにしても、出願間際に慌てて行うと入力（記入）ミスが起こりがち。入試後半日程で駆け込み出願する可能性のある学校も含めて、出願の準備は早めを心がけて。

2021年 12月

2月1日まで あと62日

D校で調査書が必要だったので、2学期末の個人面談のときにお願いしました

月	火	水	木
		1 小学校の個人面談（調査書の依頼）	2
6	7	8	9 A校出願（WEB）
13 2月1日まであと50日	14	15 インフルエンザの予防接種［2回目］（本人）	16
20	21	22	23
27 通知表をコピー&スキャン	28	29	30

やることチェックリスト

- □ 入試説明会などの申し込み&参加
- □ 受験校の最終決定
- □ 冬期講習
- □ 塾の個人面談
- □ 願書の入力(記入)・出願
- □ 通知表のコピー&スキャン［2期制の場合は前期］
- □ 調査書の依頼・受け取り
- □ 面接の練習
- □ インフルエンザ予防接種［2回目］
- □ 手洗い、うがい、マスクなどを励行

●通知表のコピー&スキャン

出願に必要があれば、2学期（2期制の場合は前期）の評価が完了した通知表をコピーする。「コピーのコピー」になってしまうことを避けるため、もしもを想定して枚数は多めに。

ＷＥＢ出願ではデータをアップロードする場合もあるので、スキャンしたデータも用意しておくと安心。サイズなどの指定は学校によってさまざまなので、よく確認して。

●調査書の依頼・受け取り

小学校の先生が記入する調査書や報告書がある場合は、時間に余裕をもって、遅くとも冬休みが始まる前には依頼しよう。受け取り時期についても確認を。

第1志望校（B校）入試のちょうど1カ月前なので、当日と同じ時間割で過去問に取り組みました

祖父母に新年のあいさつをした際、万が一のときには受験の付き添いや入学手続きなどに行ってもらえるよう、受験日程を伝えておきました

木	金	土	日
		1 B校の過去問 初詣、合格祈願	2 祖父母に受験日程を連絡
6	7	8	9
13 10:00 A校合格発表（WEB）➡〇	14	15	16
20 小学校の担任の先生に2月の入試日を報告（欠席届）	21	22	23
27	28	29	30

合格発表サイトになかなかつながらずドキドキしましたが、30分ほど時間をおいたら見られました。合格書類の受け取り方法と期限や入学金の延納手続きについて念入りに確認しました

やること チェック の詳細

●出願～入学手続きの行動予定表を作成

出願から入学手続きまで「誰が、いつ、どう動くか」を事前に決め、行動予定表を作っておこう。いざというときにピンチヒッターを頼む親戚や友人にも改めて確認の連絡を。

●受験に必要なお金の準備

受験料や入学手続き金が「もっとも多くかかる場合」を想定して金額を確認し、用意しておこう。学校指定の支払い方法の確認や、必要があればクレジットカードの限度額の変更手続きも。

●入試当日の服装・持ち物を用意

入試当日の服装や持ち物など、準備できるものは早めに用意。大雪に備えて、長靴や防寒服なども忘れずに。

●受験校までの交通ルートを確認

電車遅延に備え、交通ルートは必ず複数調べておこう。午後入試を受ける場合は、午前受験校から午後受験校までも複数の経路を確認。バスを利用するなど、乗り継ぎに不安のある場合は、前もって

2022年

1月

2月1日まで あと31日

入試期間中の行動予定について夫婦で打ち合わせをしました。予定表は部屋に貼り、コピーを全員が持ち歩きました

冬期講習中は、自習室を利用しました。友達がいるからがんばろうって気になったよ

月	火	水
3 家族の行動予定表を作成	4	5
冬期講習		
10 A校入試 / B校・C校・D校出願（WEB）	11	12
17	18	
24	25	26
31		

入試会場で上履きをお母さんからもらうのを忘れて慌てて引き返したの。次からは自分で持っておくことにしたよ

やること

チェックリスト

- ☐ 出願〜入学手続きの行動予定表を作成
- ☐ 願書の入力（記入）・出願
- ☐ 受験に必要なお金の準備
- ☐ 入試当日の服装・持ち物を用意
- ☐ 受験校までの交通ルートを確認
- ☐ 実家や親戚に連絡
- ☐ 小学校へ欠席届を提出
- ☐ 入学金の延納手続き
- ☐ 試し受験の結果のケア
- ☐ 手洗い、うがい、マスクなどを励行

一度学校まで行ってみると安心だ。入試当日と同じ時刻に行けば、混み具合もわかる。交通機関のICカードに十分な金額がチャージされているかもチェック。

●小学校へ欠席届を提出

入試当日に連絡なしで欠席することのないよう忘れずに届け出を。

●入学金の延納手続き

入学手続き期間の延長、入学辞退者への納入金返還を行う学校も多い。試し受験校であってもしっかり確認し、入学資格を失うことのないように！

●試し受験の結果のケア

試し受験をする場合、その合否が2月からの入試に精神面で大きく影響する。合格して油断したり、不合格で自信をなくさないよう、上手にケアを。

もしB校の2回目入試もダメだったら、昨晩合格がわかったE校の合格書類をすぐ受け取りに行く予定でした。4日の13時が締め切りでしたので。でもB校に合格できたのでホッとしました！

友達も塾にあいさつに来ていたよ。お互いの学校の文化祭を見に行く約束をしたんだ！

木	金	土	日
3 午前　B校入試（2回目） 午後　E校入試 13：00　D校合格発表（WEB）➡× 22：30　E校合格発表（WEB）➡○	4 9：00 B校合格発表（WEB）➡○ B校合格手続き	5	6 塾にお礼のあいさつ
10	11	12 小学校の担任の先生に調査書のお礼＆結果報告	13 10：00 B校入学者説明会
17		19	
24	25	26	

受験が終わって気が抜けちゃいそうだったけど、さっそく入学前課題が出されたよ

公立小学校の先生は公務員なので、お礼の品はかえってご迷惑かと思い、ごあいさつにだけ伺いました

トラ家族の受験日程

	学校名	1/10	2/1	2/1 PM	2/2	2/3	2/3 PM	2/4
試し受験校	A校	合格						
第1志望校	B校		不合格			進学		
安全校	C校			合格				
チャレンジ校	D校				不合格			
第2志望校	E校						合格	
予備の安全校	F校							—

=進学　=合格　=不合格　— =受験せず

やること チェック の詳細

●突然のトラブルの対処法確認

体調不良、電車遅延、忘れ物など、入試当日思いがけないトラブルに見舞われることも。万一を考えて、学校ごとに対処法を確認、シミュレーションしておこう。学校の電話番号は必ず控えておいて。

●合格発表・入学手続き

合格が判明した後は「即、インターネット上で入学手続き」「窓口で合格書類受け取り→入学手続き」など、学校によって入学手続きまでの期間・方法は異なる。他校の合否を見てから手続きする場合は、「いつまでに、何をすればいいのか」をしっかり確認。合格書類の受け取りや入学手続きには受験票（受験番号）が必要なので忘れないように。

●補欠・繰り上げ合格の確認

合格発表時は、補欠合格者の受験番号もしっかり確認。かなり遅い時期になってから繰り上げの連

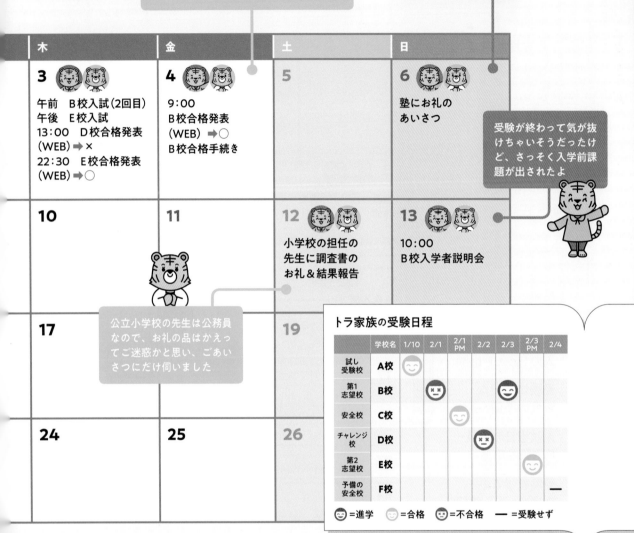

2022年

2月

集合時刻の1時間前には学校に着くよう、早めに家を出ました。行く途中、子どもがお腹が痛いと言い出して駅のトイレに駆け込んだので、早めに出発しておいてよかった!

妻は入試の付き添い。私が自宅のパソコンでB校の合格発表を確認し、ダメだったとわかりました。E校（3日午後）のWEB出願締め切りが2日だったので、すぐに出願しました

月	火	水
	1 午前 B校入試 午後 C校入試 22:30 C校合格発表（WEB）➡○	2 D校入試 9:00 B校合格発表（WEB）➡× E校出願（WEB）
7	8	9
14	15	16 地元の公立中へ進学しない旨、役所に伝える
21	22 制服注文締め切り日	23
28		

やることチェックリスト

- □ トラブルの対処法確認
- □ 入試・出願
- □ 合格発表・入学手続き
- □ 補欠・繰り上げ合格の確認
- □ 入学手続き金の準備
- □ 入学辞退の連絡
- □ 塾・小学校へ進学先の報告
- □ 入学予定者一斉登校日
- □ 役所へ届け出

絡が来るケースもある。

●入学手続き金の準備

入学金の納入は、ネット上で手続きするケースが増加。納入方法はクレジットカード、コンビニ支払い、ペイジー、学校指定口座へ入金などいろいろ。

●入学辞退の連絡

入学を辞退する学校へは進学先が決まったらすぐに連絡しよう。

●塾・小学校へ進学先の報告

お世話になった塾の先生や、調査書を書いてくれた小学校の先生には進学先を報告し、親子そろってお礼のあいさつをしたい。

●入学予定者一斉登校日

この日に制服の採寸や学校指定品の申し込みをする学校も。最終的な入学意思の確認の意味もあるので、参加できないなら必ず学校へ連絡を。

●役所へ届け出

地元の公立中学へ入学しない旨、役所へ届け出る必要がある。入学先の入学証明書を提出するのが一般的だが、届け出方式は自治体ごとに異なるので確認を。

とじこみ

書き込み式 入試スケジュール表の使い方

受験全体の流れと現状を把握 表面

受験の流れ＆行動予定表

学校名・電話番号	12/16(木)	1/10(月)	1/15(土)	1/20(木)	1/22(土)	1/25(火)
A学院 XXX(XXX)0000	①☆ WEB12時〜 12/15 12時 志願者登録 開始		★	○8時15分	◎WEB11時	△15時まで

出願から入学手続きまでの流れを把握！

下の記号例を見本に、受験校すべての出願・入試・合格発表・入学手続きの日時を書き込もう。同一日に複数の行動が重なっていたら、誰と誰が行くかなど、役割分担も考えよう。

入学手続き期間、手続き金、納入方法もしっかり確認

入学手続き期間、手続き金を書き込もう。書類の受取日・受取方法にも注意。入学手続き金は、入学金の他に施設費や授業料の一部を納める場合も。振込みの場合は、振込方法や振込先によって、受付時間帯が異なるので注意。

入学手続金・納入方法	その他・備考
書類受取締切 1/25 15:00 手続期間 1/22〜1/25 入学金(　　330,000)円 その他(　　　　)円	15万円納入すれば 2/3の18時まで延納可

備考欄をフル活用

入学金の延納、分納、返金情報や各種手続きの期限をはじめ、ここまでに書ききれなかった情報をどんどん書き込もう。

【記号例】　☆出願開始日　★出願締切日　○筆記試験（集合時刻）　●面接試験
◎合格発表日時　□入学手続開始日時　■入学手続締切日時
△延納・分納手続締切日時　▲入学手続金返金申し出の締切日時

出願時に準備するもの・日時チェック

学校名	出願	出願期間	受験料	通知表のコピー／調査書・報告書	写真（サイズ／タテ×ヨコ）	その他必要書類	備考
B学院	□窓口 □郵送 ☑Web	12/17〜1/16 12:00〜 〜15:00	☑(　25,000 円) 振込証明書・現金・カード・コンビニ・ペイジー	☑通知表　(サイズ:　A4) □調査書・報告書　(入手日:　/　)	☑(　×　)　枚 アップロード・貼付・不要	☑アンケート □	①が×なら ②に出願

出願方法と現状のチェック

窓口か郵送かWEBかマルをつけておき、手続きが済んだらチェック欄にチェック。郵送なら期日消印有効か必着か、窓口やWEBなら受付時間も、出願期間の下の余白に書き込もう。

受験料には割引制度も

複数回同時出願すると割引、合格するとあとの回の受験料を返金、などの場合もある。学校ごとの制度も書いておこう。

提出物を学校ごとに確認

通知表の提出方法やコピーサイズ、写真の枚数、調査書の有無など、学校ごとに異なる提出物と提出方法も一覧にしておこう。写真はプリントとデータの両方用意しておくとベター。

わが家にとって必要なメモを

「①が不合格なら②に出願」など、合否によって変わる動きをメモしておいてもいい。

1 書き込む

情報を1枚の紙に集約

まず本誌とじこみの『書き込み式 入試スケジュール表』をミシン目から切り取って要項を見ながら記入しよう。記入したら、内容に間違いがないか、しっかり確認して。

2 確認する

“やること”チェックで現状把握

表面の表内のチェックボックスがある箇所は、“やること”チェックに使える。学校ごとに必要な書類などを確認し、準備や手続きが済んだらチェック欄にチェックするなどして活用しよう。

3 共有する

コピーをとって情報共有

片面はA3サイズでコピーできる大きさになっている。記入した表は両面をコピーして、家族みんなの目に触れるところに貼っておこう。家族で情報を共有することが大事。

4 携帯する

入試当日も迷わず行動

待ち合わせ場所、移動方法、昼食をとる場所や「いざ」という時のための対処方法なども記入して、いつでもバッグから取り出して確認できるようにしておけば安心。

裏面 入試当日の流れと情報を管理

入試当日の行動予定表

受験番号は入試回ごとに異なる場合も

同じ学校でも複数回受験する場合には受験番号が異なることも。合否の確認だけでなく、学校への問い合わせにも必要になるので必ず控えておこう。

早め早めの行動予定を

慌しい入試当日、時間のゆとりは落ち着いて行動するためにも重要。誰がどう動くかなども、はっきりさせておこう。

午後入試校への移動計画は綿密に

午後入試があるなら隣の列に書き込もう。移動方法・かかる時間はもちろん、待ち合わせ場所や昼食をとる場所などもチェック。

備考欄には持ち物などを

学校ごとに異なる持ち物については備考欄に書いておこう。

	2/1(火)
学校名	C学園
受験番号	◆◆◆◆
5(時)	5:00 起床
6 7	6:05 出発(付き添い 母) 7:00 開門
8 9	8:00 集合・点呼 国 8:30~9:20 算 9:30~10:20
10 11	社 10:30~11:00 理 11:20~11:50
12 13	12:00~12:10 諸連絡 ##で待ち合わせ 移動
14 15	
16 17	
18 19	発表18:00~WEB
20 ~	
備考	当日発表/HP http://www~ (三角定規・分度器 不可 上ばき不要)

受験校別 アクセスチェック

万が一に備えて複数の経路を確認

交通トラブルに備えてルートは複数調べておこう。特に、学校からバスに乗る場合などは時刻表も確認しておくといい。

緊急時の情報源も書き込んで

自然災害などの対応は学校のホームページに掲示されることも。サイトはあらかじめブックマークを。緊急時の電話サービスなどの番号も控えておくと安心。

学校名	D中学校
住所	〒000-0000 神奈川県横浜市 ××××××××
Tel	☎ 045-×××-××××
経路	横浜→JR横浜線 ##駅南口 歩15分 計 1時間 00 分
	相鉄線▲▲駅より 相鉄バス●●団地行き 終点下車 歩3分 計 1時間 30 分
備考	緊急時の電話サービス ＊＊＊-＊＊＊＊-＊＊＊＊

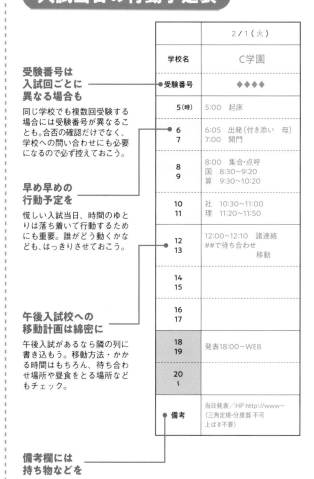

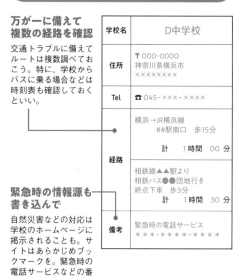

さらに

こんなスケジュール表があると安心！

学校説明会・行事一覧

受験する学校の行事をもれなくチェックしたい！

学校名	説明会				文化祭	体育祭	その他の行事
みくに中学	9/13	10/10			9/19	11/3	
レーダー学園	10/4	11/15			×	非公開	個別相談会

「入試体験会」など、開催日限定の学校行事は志望校を知るための絶好の機会。説明会も、本番が近づくほど入試に関する具体的な情報が得られることも多いので、極力参加したいものです。学校ホームページなどをチェックして、受験校の公開行事をオンライン開催も含め一覧に。日程の調整にも役立ちます。

※行事の開催状況に変更が生じやすいのでこまめに学校ホームページで確認しましょう。

入試回別入学手続き詳細表

入学手続きに万全を期したい！

	1/10(月) ●●中	2/1(火) ■■中①	2/2(水) ▲▲中①
合格発表	1/12(水) 11:00 WEB	2/3(木) 13:00 WEB	2/2(水) 22:00 WEB
受験番号	■■■	■■■	■■■
合格証・書類受取		2/3(木) 13:00~15:00	2/3(木) ~2/7(月)
入学手続き		2/4(金) 15:00~ 入学金30万円、施設費20万円計50万円　銀行振込み後、事務所で入学手続き	2/3(木)~2/7(月) 9:00~15:00 入学金25万円　ネットで手続き後、窓口に書類提出

とにかく手続きが不安、という場合は、入試回ごとに、合格から入学手続きまでの詳細をまとめておくと良いでしょう。

入学手続きに関連する情報（日程・時間・支払い方法・支払先金融機関名・金額）など、各入試回（各校）ごとに異なる情報をまとめて書き出しておきましょう。

スケジュール表　作成&活用のポイント

1. 必要な情報を学校ごとに書き出して、混同しないように整理する
2. 「誰が、いつ、何を、どのように」行うのかを明確にする
3. 予定どおりにいかなかった場合のパターンを考えておく
4. 作成したスケジュールはリビングに貼るなどして家族全員で共有する
5. 祖父母など協力してくれる人にも渡しておき、トラブルに備えてもらう

合格の極意

2

受験校の最終決定

そろそろ、受験する学校の偏差値の幅や日程を考慮して、
具体的な併願パターンを組んでいかなければなりません。
ここでは受験校決定の際のポイントを確認しましょう。

目次

受験校の最終決定

受験校を決定するうえで大切なこと

6年生の秋ともなれば、第1志望校は決まっているというご家庭がほとんどだと思います。しかし併願校については、まだはっきりとは決めていない場合も多いのではないでしょうか。

実際のところを言えば、第1志望校に合格できる受験生は全体から見るとごく一部。併願校こそ、進学する可能性が非常に高いのですから、学校の中身もきちんと見て選ぶことが肝心です。迷ってしまったら、「なぜ中学受験をするのか」に立ち返り、わが家の方針と学校の中身を再度照らし合わせてみましょう。

さて、第1志望校の決定は子どもの希望が優先ですが、併願校は保護者が中心となって見極める必要があります。わが子が実際に通うかもしれない学校です。偏差値や交通の便だけにとらわれずに、学校の中身をよく知り、「本人に合っていそうな、通わせたい学校」をきちんと選んでください。

今年は、保護者のみで説明会に参加するケースも多いと思います。得てきた情報や学校の印象を受験生本人や家族に伝え、共有することを忘れずに。もちろん、受験することが決定したら本人が学校のことをよく知る機会をつくりましょう。この時期の6年生は1分1秒が惜しく感じられるかもしれません。しかし、本人が学校のことをまったく知らないままではモチベーションも上がらず、入試でも力を発揮できません。学校に触れる機会をつくり、家族全員が納得したうえで、受験校を決定しましょう。

先輩保護者
アンケート

Q 併願校（第1志望校以外）は最終的にいつ決まった？

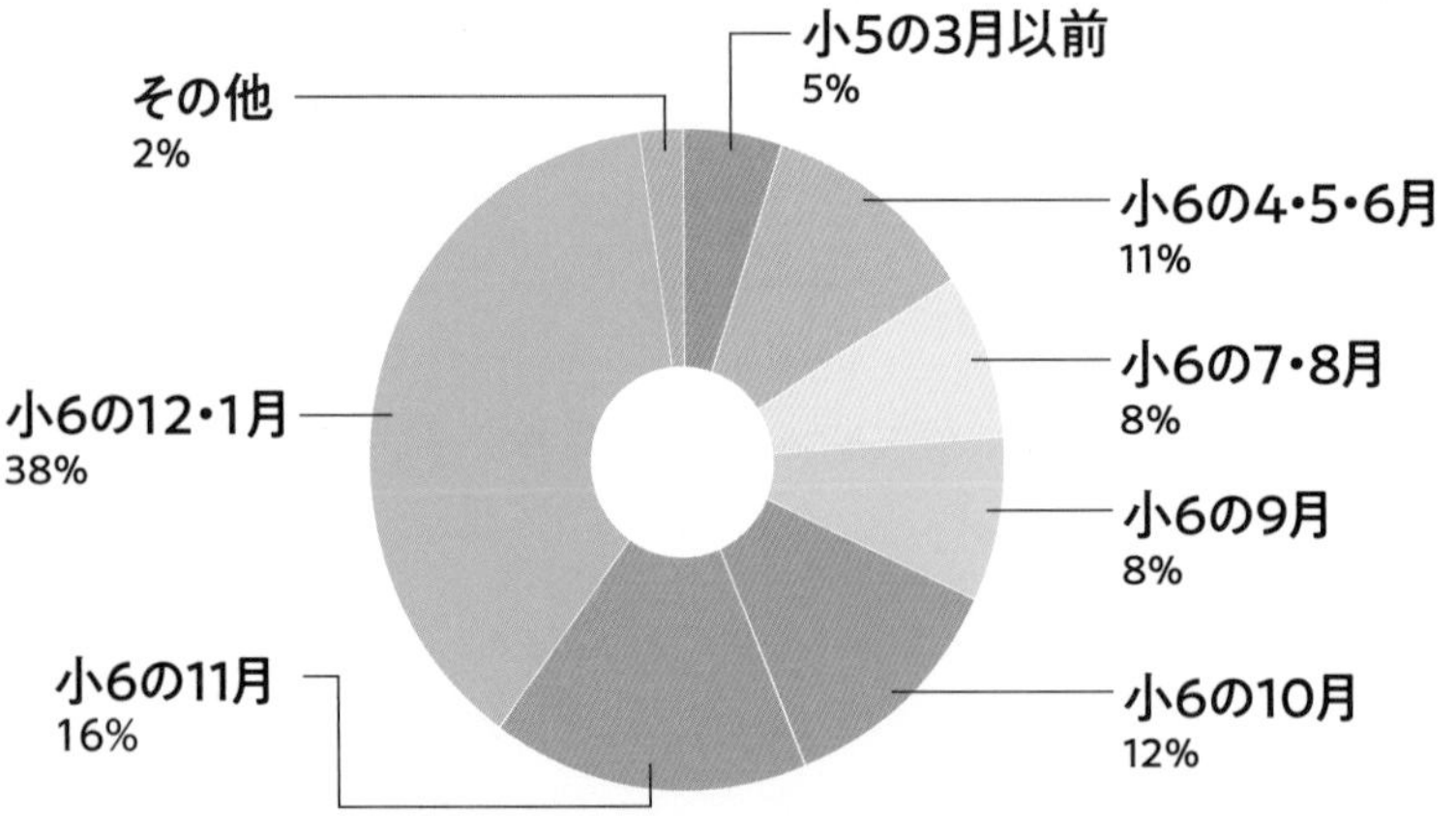
小5の3月以前 5%
小6の4・5・6月 11%
小6の7・8月 8%
小6の9月 8%
小6の10月 12%
小6の11月 16%
小6の12・1月 38%
その他 2%

WEB出願ができるので、
出願締め切り直前まで迷う家庭もあるみたい。
でも、候補校は事前にきちんと
考えていたようよ。

●男子校、●女子校、●共学校
（ ）内の学校名は進学先です。共学のみ、子どもの性別を記載。
コメントの内容は進学先のこととは限りません。

先輩保護者アンケート

Q 併願校を決定する際、悩んだ？

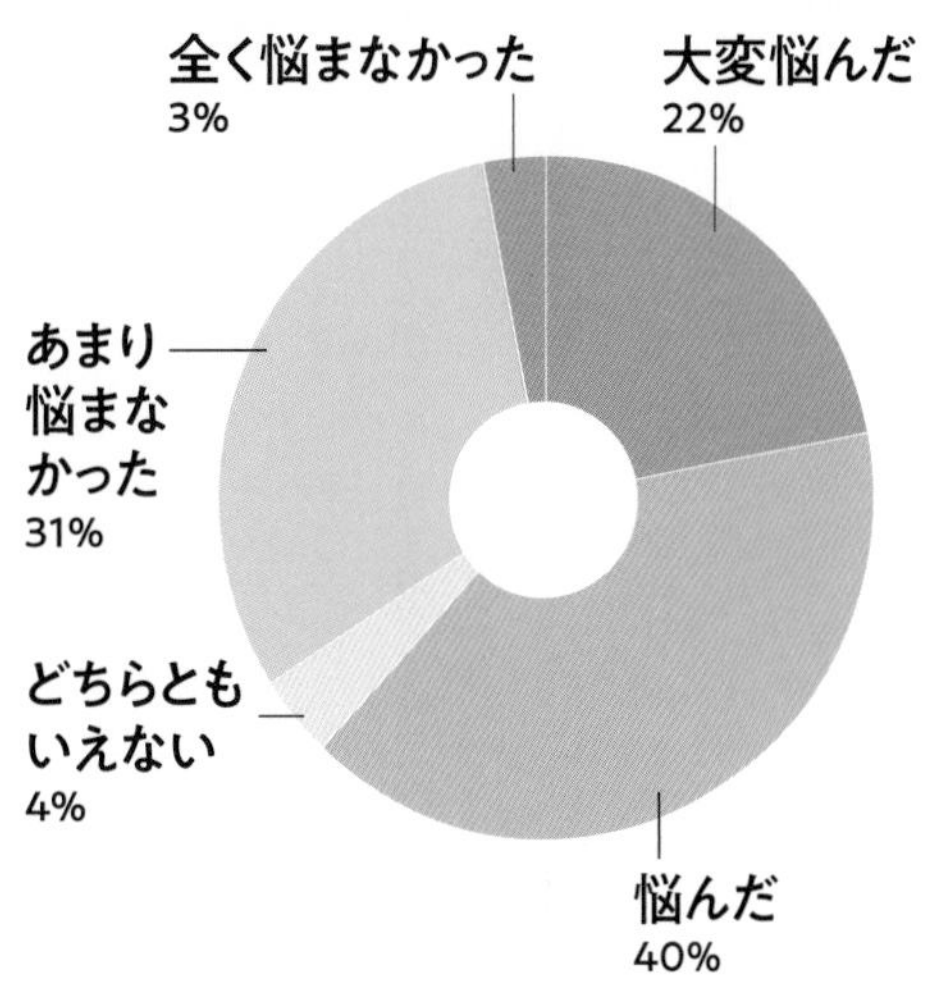
全く悩まなかった 3%
大変悩んだ 22%
あまり悩まなかった 31%
どちらともいえない 4%
悩んだ 40%

Q なぜ悩んだ？（複数回答）

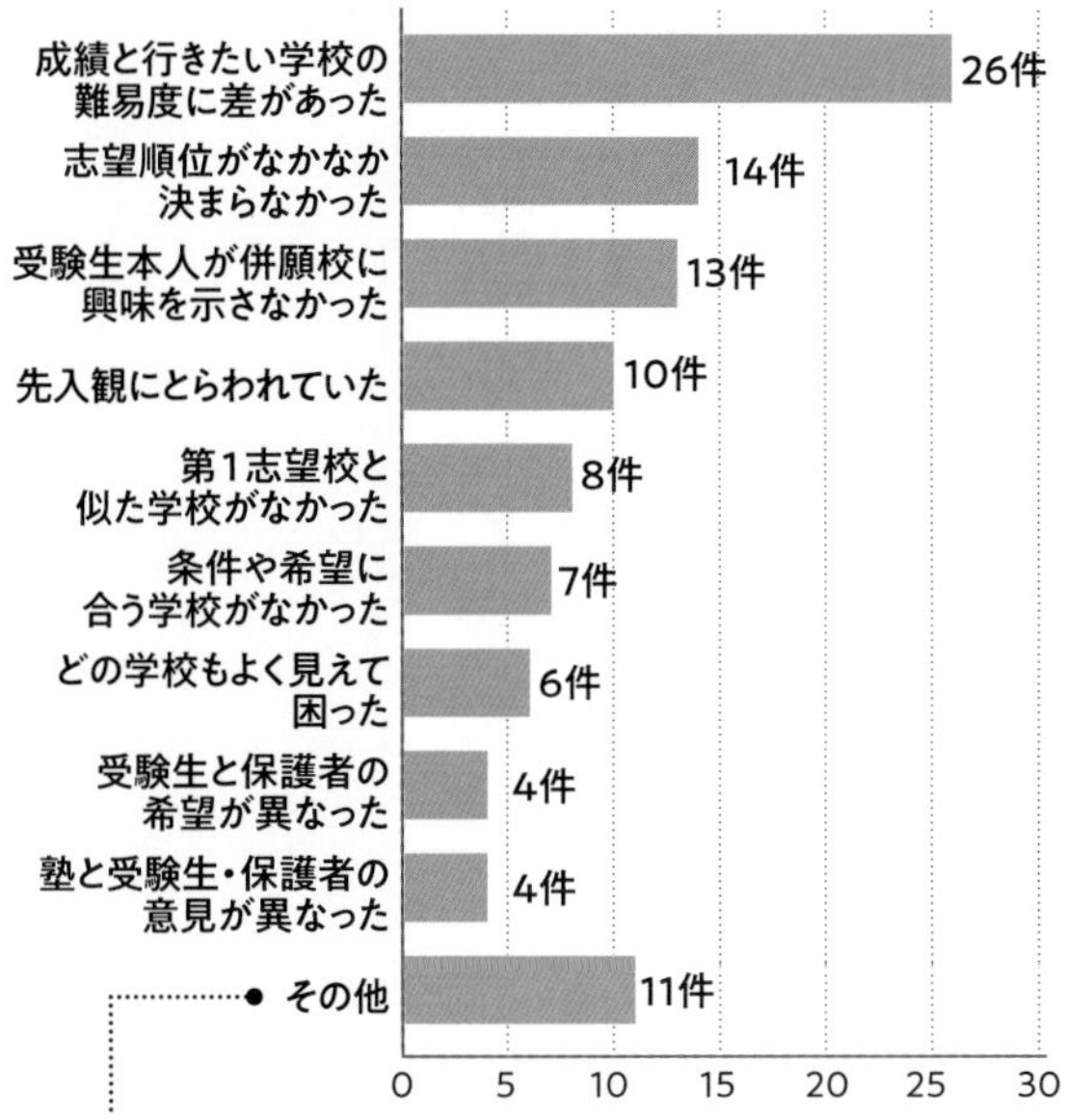
成績と行きたい学校の難易度に差があった 26件
志望順位がなかなか決まらなかった 14件
受験生本人が併願校に興味を示さなかった 13件
先入観にとらわれていた 10件
第1志望校と似た学校がなかった 8件
条件や希望に合う学校がなかった 7件
どの学校もよく見えて困った 6件
受験生と保護者の希望が異なった 4件
塾と受験生・保護者の意見が異なった 4件
その他 11件
0 5 10 15 20 25 30

◆できるだけいいところへ行かせたいが、全落ちも防がないといけない。／◆成績の変動が大きく実力を見定めづらかった。／◆第1・第2志望校の受験日が重複していたため、どのような日程で受験をするか悩んだ。

Q どのように解決した？

◆塾の担任の先生に相談した。本人に合う学校をアドバイスしてもらった。（●浅野）

◆よく話し合い、比較し、子どもの判断を尊重した。受験日が重なる日は子どもの希望の学校を優先し、もう一方の学校は他の日に受験した。（●世田谷学園）

◆実際に通うのはまだ12歳の子どもなので、通学しやすい学校順にした。また、遠くても魅力のある学校は合格してから本人に選んでもらうことにした。（●桐朋）

◆第2と第3志望校の難易度に開きがあり、だいぶ悩んだが、学校自体を本人も両親も気に入っていたので選択した。（●跡見学園）

◆可能性のある併願パターンを複数用意して臨み、1月の試し受験の結果を踏まえて最終決定。（●共立女子）

◆子どもは第1志望校以外興味がなく、親だけ見学のことが多かったが限界を感じ、6年秋にいくつかの学校に子どもを連れて行った。すると本人も興味を持ち、自分の希望を言えるようになった。（●恵泉女学園）

◆入試直前の入試対策説明会での学校見学でその学校に対するイメージが変わりました。（●十文字）

◆合格する確率が高い方を受けたいと思ったが、考えても答えは出ようがなく最終的にはより行きたい方へチャレンジすることに決めた。結局同日、同時間帯に2校とも出願までした。（●女子学院）

◆第1志望校以外は、親が選び、子どもに良さを伝えて納得してもらった。（●豊島岡女子学園）

◆塾に相談。本人が過去問を苦手としなかった学校で倍率が低そうな学校に決めた。（●横浜雙葉）

◆塾の先生に相談し、1校、安全校を追加で受けることにした。（●開智・女子）

◆本人と話し合い、成績より、行きたい学校を優先した。（●中央大学附属・男子）

◆コロナ禍のため、最終的には自宅からの通学時間が短い学校にしました。（●日本大学・男子）

受験校を決めるときのポイント

POINT 1 第1志望校は原則として変えない

すでに第1志望校が決まっていても、模試の合否判定などで思うように結果が出なかったり、過去問に取り組み始めたらあまりの出来なさ加減に不安になってしまったりして、気持ちが揺らいでしまうこともあるかもしれません。

　しかし、この時期まできたら、一度決めた第1志望校は変更しないことが鉄則です。受験生本人は、第1志望校を目指してこれまでがんばってきたはずです。本番が近づいた大切な時期に目標がぶれては、すべてが崩れてしまいかねません。成績が下がり気味で不安があるようなら、併願校の中に合格する可能性の高い安全校をしっかりと組み込むことで、調整しましょう。

　過去問に関しては、まだまだこれから。多くの場合第1志望校は、受験生にとって成績的には一番遠い存在ですから、初めのうちはあまり得点できないのも当然です。志望校の入試問題と出題傾向が似ている学校を塾の先生に聞くなどして、対策をしていきましょう。その中から、併願校の候補になる学校が出てくることもあるかもしれません。

　成績などの状況から、どうしても第1志望校を変える必要があると感じた場合には、本人の気持ちを最優先して、家族でよく話し合ってください。そのうえで、塾の先生にも相談してアドバイスを求めると良いでしょう。

POINT 2 「偏差値の幅」は広く併願 安全校が受験成功のカギ

併願校は、実力相応校、安全校、チャレンジ校など、偏差値に幅をもたせて、6〜7校は決めておきましょう。特に、「下」の幅は重要です。

　同じくらいの難易度の学校ばかりを選んでしまうと、実力を発揮できず不合格があった場合に、持ち直すことが難しくなってしまいます。実力相応校でも、その日のコンディションしだいで残念な結果になってしまうことも。中学受験は何が起こるかわかりません。確実に合格が取れる安全校を必ず組み入れましょう。先輩受験生の例を見てみると、本人の平均偏差値より5〜7ポイントくらい下の学校を、安全校として受けている人が多いようです。

　また、入試期間中のどこに安全校をもってくるかということも、ポイントとなります。自信がないタイプの受験生なら早めに手堅い学校を受けて第1志望校の前に合格を得ておいたほうが良いですが、反対に、安全校の存在が油断を生んでしまうタイプの受験生の場合には、後半日程でいつでも受験できるようにしっかり準備をしておくほうが良いとも言えます。

　安心材料は多いに越したことはありません。安全校があることで、前向きに受験できたという声も。もちろん、安全校も「通ってもよい」と思える学校を選ぶことが大切。受験生本人が訪問していないということはできる限りないようにしたいものです。

POINT 3

「試し受験」はできるだけする

第1志望校を受験する前に、1月入試校などで「腕試し」をすることを「試し受験」といいます。アンケートによると、先輩受験生の85%が試し受験をしており、ほとんどの保護者が何らかのメリットを感じています。

試し受験をどのような位置づけで受けるのかは、受験生のタイプによります。第1志望校と同じような難易度や、問題傾向が似ている学校を受けて感触を確かめるのも効果がありますし、受かる可能性の高い学校で確実に合格を得て安心感を得るというのもいいでしょう。

受験生にとっては、「合格」も「不合格」も大事な経験です。合格を得たことで自信をつけて調子を上げることもあれば、むしろ、残念な結果がその後の試験に向けてのバネになることもあるでしょう。

また、結果はどうあれ、「試し受験のあとにしっかりふり返りをできたことが、2月の第1志望校の合格につながった」と感じた受験生もいたようです。

さらに試し受験の大きなメリットとして、「入試本番の雰囲気に慣れることができた」という声も多く聞かれました。これは、受験生本人はもちろんですが、保護者にとっても言えることです。持ち物の準備、朝の支度、試験会場までの移動、試験会場に入る受験生を送り出す、試験中はどのようにして待つか、入試後に何と声をかけるか……。入試当日の一連の流れを一度経験しておけば、スムーズにいかなかった部分を見直して、次に生かすことができます。

第1志望校の入試に万全の状態で臨めるよう、事前に「本番」を経験しておくことをおすすめします。「試し受験」を上手に使いましょう。

先輩保護者アンケート

Q 試し受験はした？

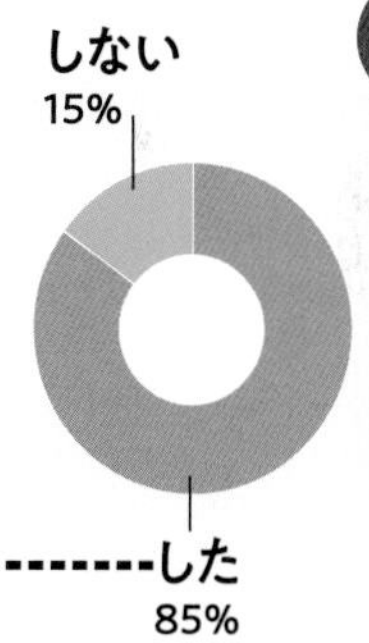

しない 15%
した 85%

Q 何回受けた？

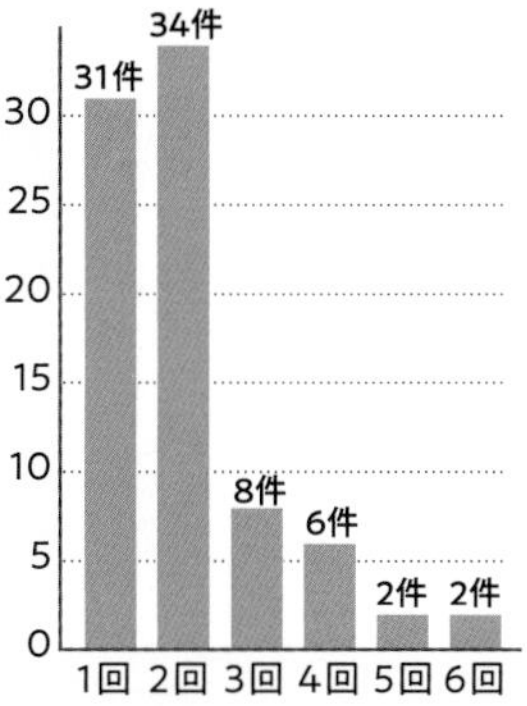

31件
34件
8件
6件
2件
2件
1回
2回
3回
4回
5回
6回

Q 結果は？

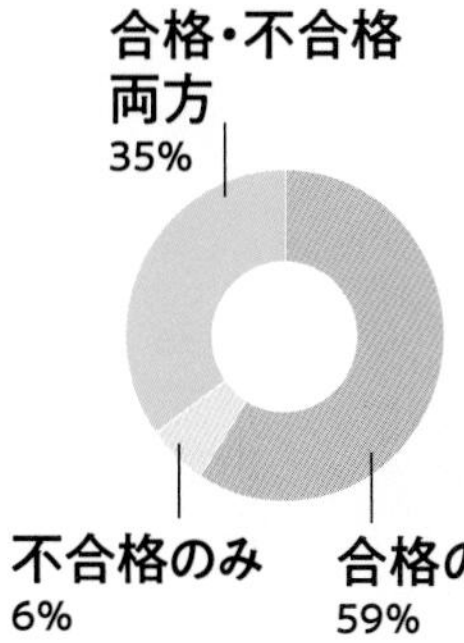

合格・不合格両方 35%
不合格のみ 6%
合格のみ 59%

Q 試し受験して良かったことは？

◆弱点の認識→さらなるブラッシュアップができる。（●開成）
◆2～3点差での合・不合格で1点の重みを感じた。（●学習院）
◆最後の模試（12月末）から本番（2月1日）の間で、リズムを作って勉強できた。（●駒場東邦）
◆時事問題の傾向を知ることができた。（●世田谷学園）
◆不合格で親は子の失望にどう寄り添うか、親が頑張って平静になる練習になった。（●恵泉女学園）
◆今の実力が分かって2月1日の受験校を変更し合格出来ました。（●日本女子大学附属）
◆自分の手ごたえと結果の差異を体験、理解できたことは良い経験となった。（●●桐光学園・女子）
◆午前午後連続受験を経験し、午後へむけた昼の時間の使い方を工夫できた。（◐三田国際学園・男子）
◆不合格により子どもに緊張感が出て本気モードのスイッチが入った。（◐明治大学付属明治・女子）

POINT 4

「午後入試」「ダブル出願」「駆け込み出願」も活用する

中学受験は、面接や実技試験などがなければ午前中のみで試験が終了することが多いため、午前と午後で1日に2校受験することも可能です。限られた入試のチャンスをフルに使うことができる、早めに合格を得て安心材料にできる、など「午後入試」には多くのメリットがありますが、活用するには注意点もあります。

午後入試は体力勝負。1日に2回受けるだけでも大変ですし、午前受験校から午後受験校までの移動も気が抜けません。昼食をとる場所やタイミングにも注意が必要です。とはいえ午後入試を経験した先輩保護者の8割以上が、「翌日に影響はなかった」と感じているようです。子どもの体力面などを考慮して、検討しましょう。

また、出願の作戦としては「ダブル出願」や「駆け込み出願」もあります。

「ダブル出願」とは、同日、同時間帯の複数の入試に出願しておき、それまでの合否に応じて直前に受験校を選択できるようにしておくこと。「駆け込み出願」は、入試日前日や当日の朝など、入試実施直前まで出願可能な試験に追加で出願することです。

現在は、ほとんどの学校でWEB出願が採用されています。WEB出願では、あらかじめID登録などを済ませておくことにより出願そのものは非常に簡単に行えるケースもあります。また、多忙な入試期間に学校まで足を運ばずとも出願ができるため保護者の負担も軽減されています。

ただし、出願締め切りが早い入試もあるので、要項を確認してわが家に合った作戦を立てましょう。

これらのポイントを頭に留めておけば、併願の幅が広がり、良い結果につながります。

先輩保護者
アンケート

Q 駆け込み出願の準備はしてあった？（複数回答）

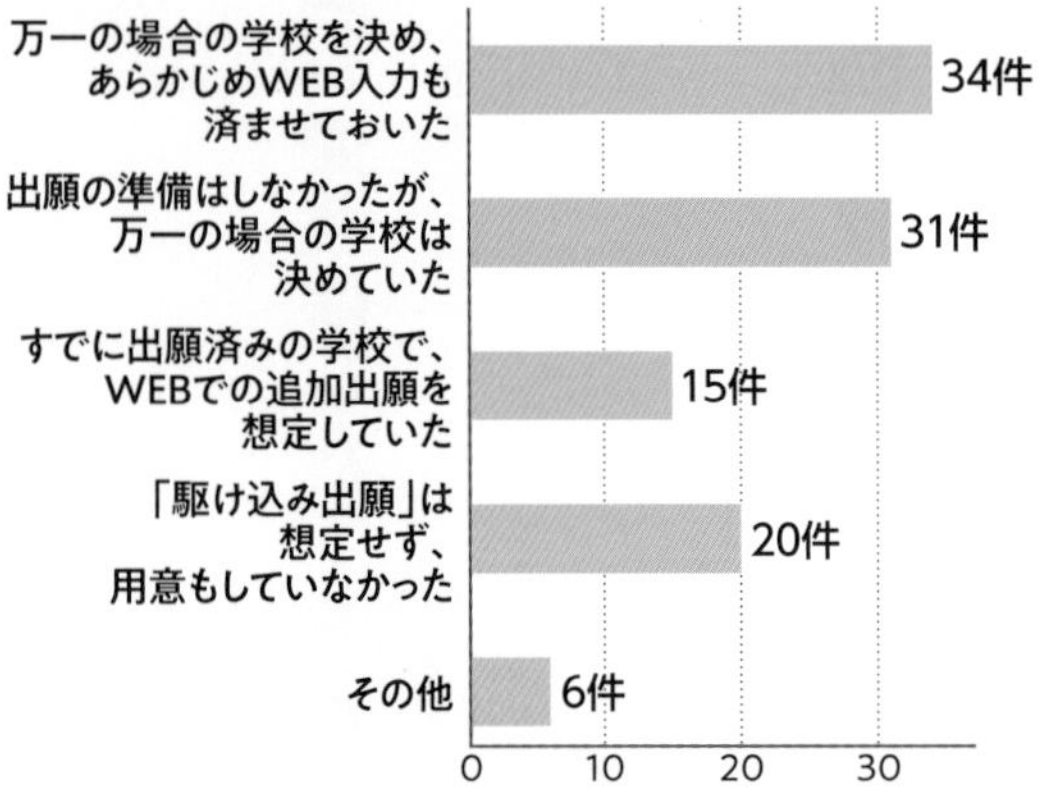
万一の場合の学校を決め、あらかじめWEB入力も済ませておいた 34件
出願の準備はしなかったが、万一の場合の学校は決めていた 31件
すでに出願済みの学校で、WEBでの追加出願を想定していた 15件
「駆け込み出願」は想定せず、用意もしていなかった 20件
その他 6件
0
10
20
30

Q 最終的に駆け込み出願はした？

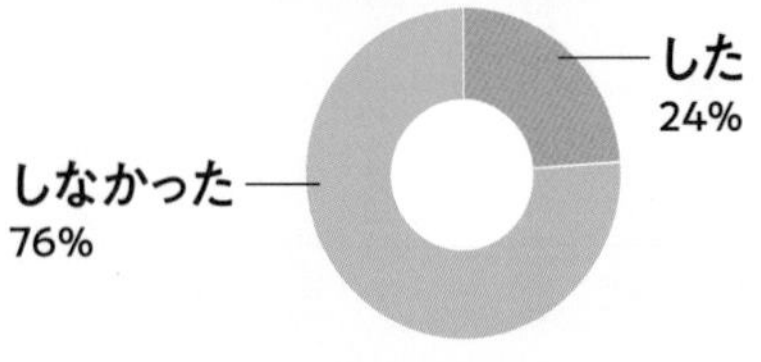
した 24%
しなかった 76%

Q 午後入試は受けた？

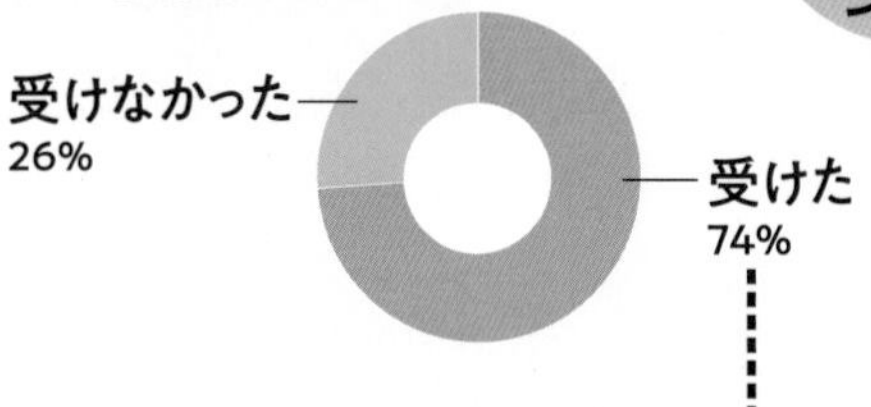
受けなかった 26%
受けた 74%

Q 午後入試を受けて、受験生の様子はどうだった？

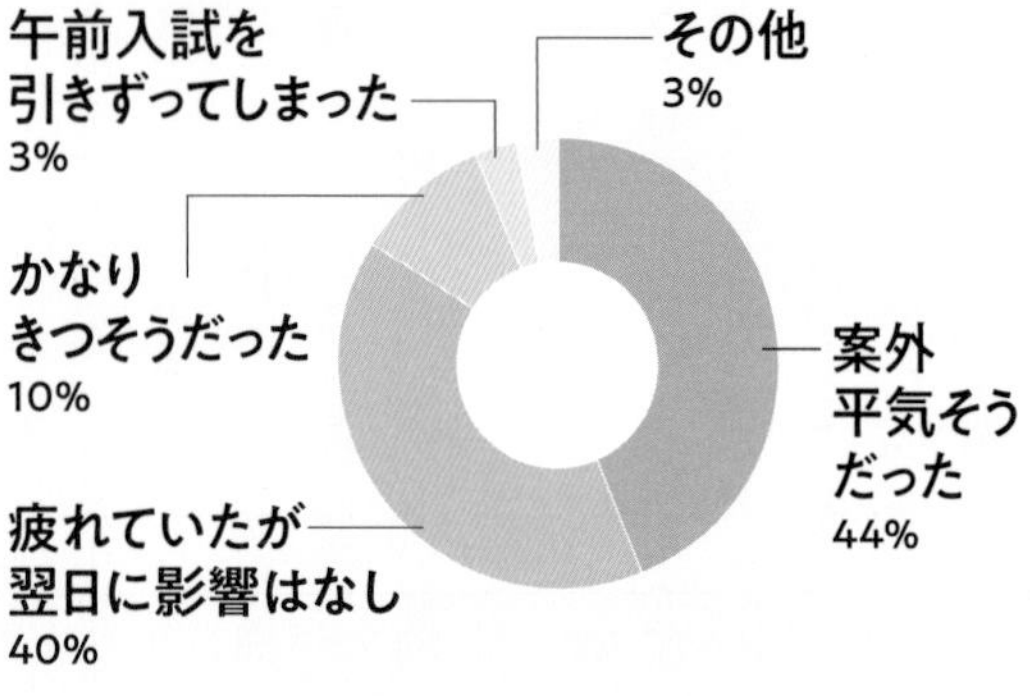
午前入試を引きずってしまった 3%
その他 3%
かなりきつそうだった 10%
案外平気そうだった 44%
疲れていたが翌日に影響はなし 40%

POINT 5

受験する学校を受験生本人が好きになる

第1志望校を決めるにあたっては、受験生と保護者がたくさんの学校を調べ、校風や、先生・在校生の様子を知りながら「ここに通いたい！」と思う1校を選び抜いてきたことでしょう。併願校であっても、それは同じことです。受験する学校は受験生本人が好きになった学校であることが大切です。

第1志望校の合格のために、安全校や試し受験が必要になるということは解説してきました。ただし、忘れてはならないのは、受験する学校はすべて進学する可能性のある学校だということ。「どうせ進学しない」などと考えず、受験生と一緒に学校を知り、「この学校もいいな」と思える併願校を選びましょう。1校1校をポジティブな気持ちで受けることができれば、受験生のモチベーションアップにもつながり、それが結果として第1志望校合格にも結びついていきます。学校のことをよく知り、その魅力に触れることで、納得のいく併願校を選ぶことができるはずです。

POINT 6

最後まで〝あきらめない〟併願を

入試期間はたしかにハードなものです。1月入試から考えると約1カ月もの間、入試モードで緊張感を保たなければなりません。そのような中では、ある程度納得のいく合格を得られた時点で、「もうこの学校でいい」と、さらにチャレンジすることをやめてしまおうと思うこともあるでしょう。

しかし、後半日程まで粘り強く受け続けたことで、より満足のいく合格を得られたという受験生はたくさんいます。2月1日の第1志望校はダメだったのに、2日、3日のチャレンジ校に合格したという話もよく耳にします。入試期間中にも、受験生は確実に成長しているのです。

後半日程の試験も視野に入れて、モチベーションを保ちながら最後までがんばれる併願を組んで、後悔しない受験にしましょう。

11月以降の 主な学校行事

入試説明会

夏までの学校説明会とは違い、募集要項についてや入試当日の注意事項など、より具体的な入試に関する情報が得られる。この機会に入試要項を入手することもできる。

入試体験会・入試対策講座

6年生を対象に、実際の入試会場で本番の雰囲気を体験できたり、昨年度の入試問題をもとに今年の出題傾向などを解説してくれたりするイベントがある学校も。

※行事の開催状況に変更が生じやすいので、こまめに学校ホームページで確認しましょう。

先輩保護者アンケート

Q 受験は何日に終了した？

※首都圏の場合

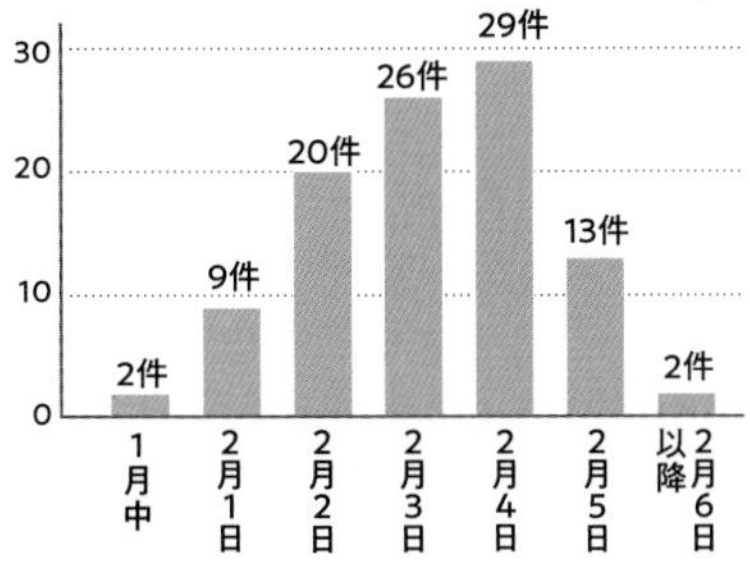

30
20
10
0
2件
9件
20件
26件
29件
13件
2件
1月中
2月1日
2月2日
2月3日
2月4日
2月5日
2月6日以降

Q 実際の受験回数は？

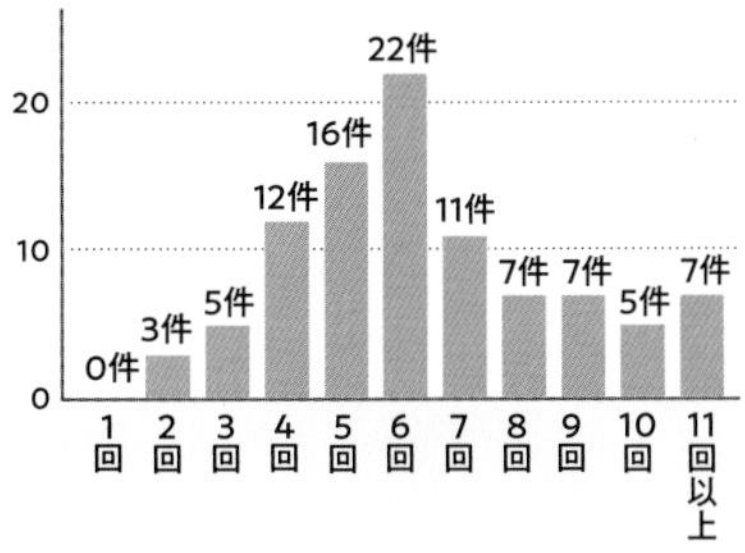

20
10
0
0件
3件
5件
12件
16件
22件
11件
7件
7件
5件
7件
1回
2回
3回
4回
5回
6回
7回
8回
9回
10回
11回以上

併願パターンはこう組もう！

併願パターンは受験生のタイプによっていろいろな組み方が考えられます。気持ちを持続できるよう間をあけずに、チャレンジ校・実力相応校・安全校をうまく組み合わせていきましょう。

注）・日程は首都圏の場合です
・各パターンはあくまで一例です
・▨は第1志望校を表します

基本型

チャレンジ校と安全校を、ほどよく配置

1月中に実力相応校と安全校を試し受験。2月1日午前の第1志望校のあと、午後に確実な安全校でおさえ、2日・3日は実力相応校を。もし3日までに合格を得られれば、4日以降はチャレンジ校を、残念な結果なら安全校を受ける。

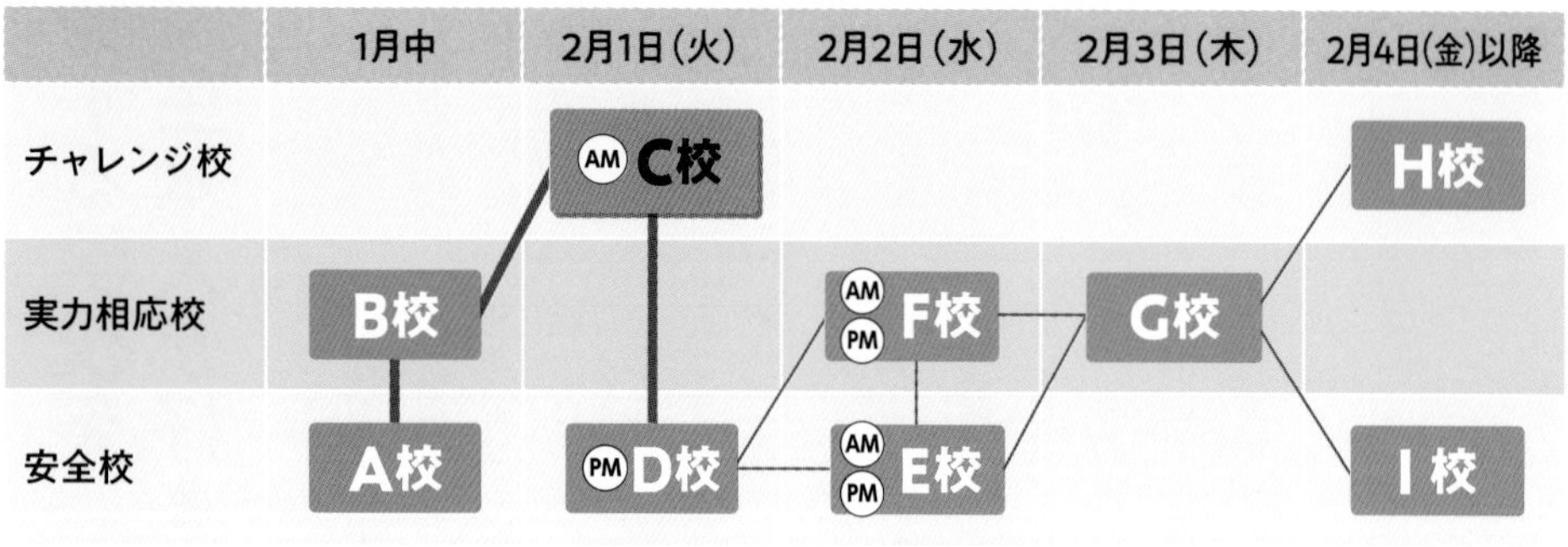

安全型

慎重派向き。第1志望校の前に合格を！

第1志望校受験の前に、1校は必ず合格しておき、心の余裕をもって2月2日にチャレンジ。1日午後に実力相応校を受けてもOK。3日は実力相応校を。4日以降は、3日までに合格を得られれば、さらにチャレンジ。念のため、後半日程にも安全校を用意しておくと安心。

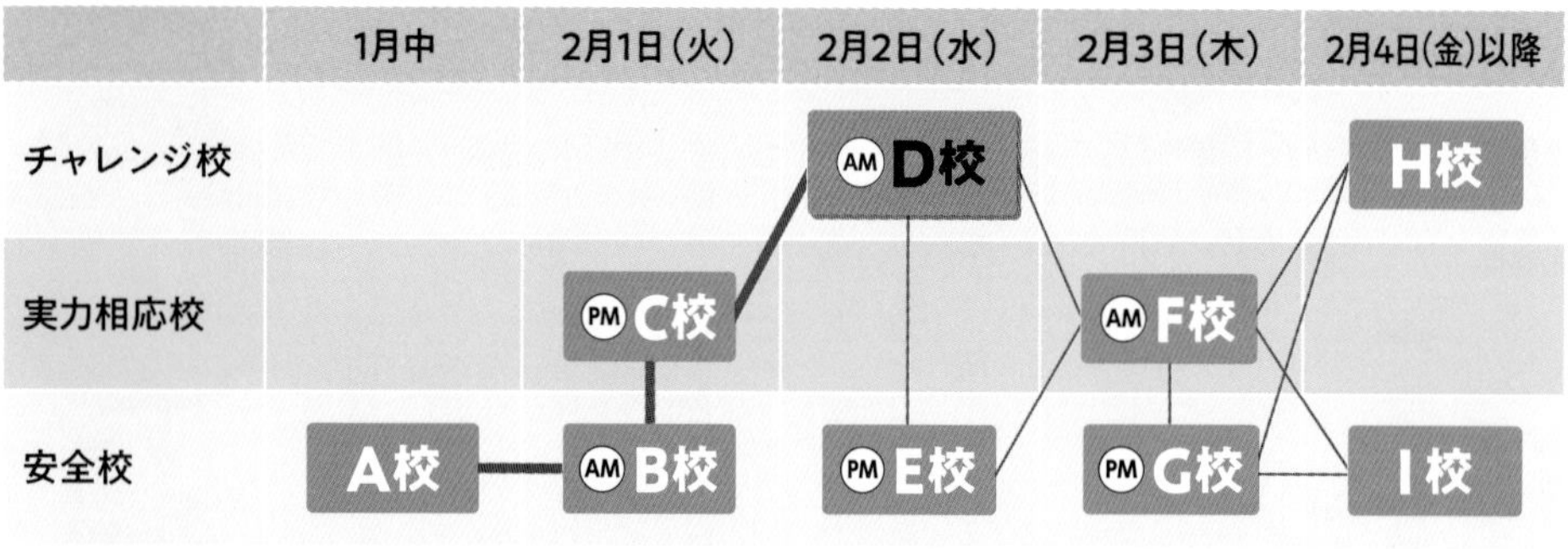

チャレンジ型

強気でいくなら、チャレンジ校を2日続けて受験！

1月中は実力相応校とチャレンジ校で腕試し。2月1日と2日の午前はチャレンジ校に挑戦。午後入試を有効活用して、安全校も組み入れる。3日は2日までに合格が得られなかった場合は安全校、合格があればさらにチャレンジ。念のため4日以降は安全校を用意しておこう。

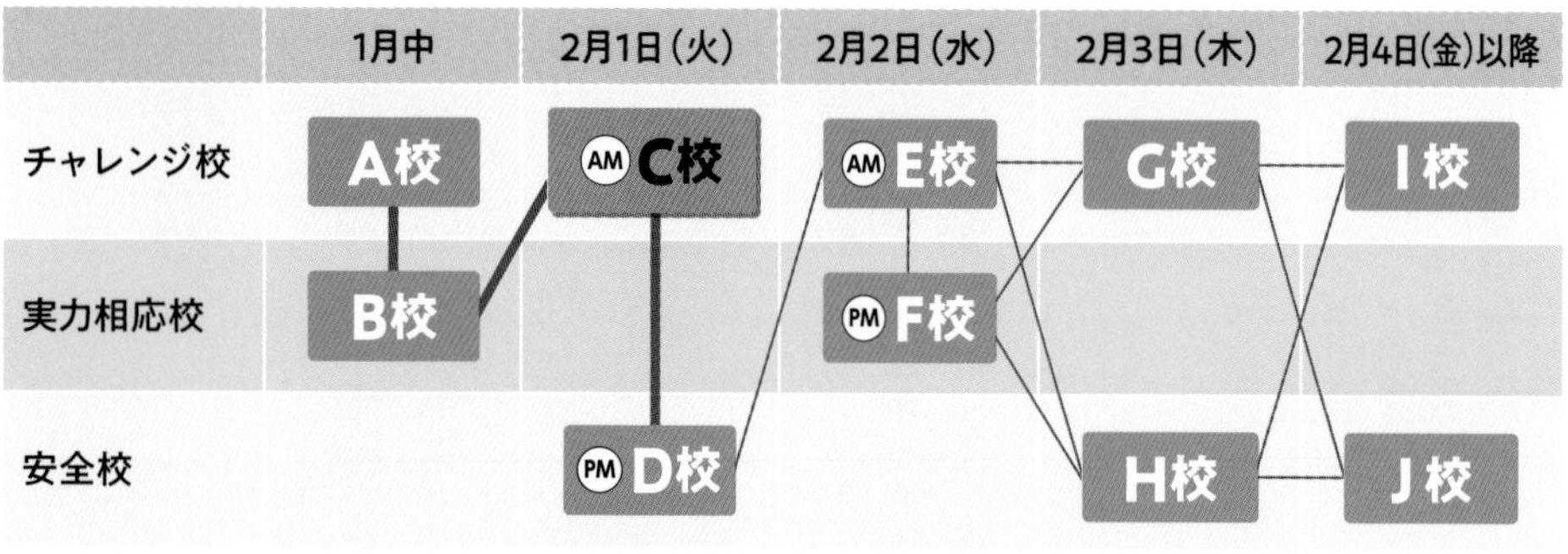

ピッタリ

わが子の成績タイプ別 併願パターン

下降・落ち込みタイプ

基本 **安全** チャレンジ

「安全型」を選択。でも第1志望校は変えない！

成績下降の原因は、「ほかの受験生たちのがんばりに乗りおくれてしまった」など、いろいろ考えられますが、下降期間が短期的なものなら、スランプの時期かも。その場合は決してあせらないこと。目標はあくまでも入試本番です。下降傾向が続く場合にも第１志望校の変更は控えて。併願校を組み直しましょう。

成績アップ・絶好調タイプ

基本 安全 **チャレンジ**

「チャレンジ型」を選択。強気でいこう！

秋以降に成績が伸びているタイプは、第１志望校、安全校とも、もう１ランク上を考えてもいいでしょう。ただし、最後の最後まで油断は禁物。「安心してしまうこと」と「自信をもつこと」は異なります。自信をもって受験に臨むのはいいのですが、最後まで気を抜かず、攻めの気持ちでがんばりましょう。

アップダウンタイプ

基本 **安全** チャレンジ

第1志望校は一番良い成績を、安全校は一番低い成績を基準に

成績の変動が大きく、本当の力を見極めにくいタイプ。ケアレスミスが多かったり、得意な分野・不得意な分野がはっきりしている場合にありがち。日々の授業やテストのふり返りを大切に。第１志望校と安全校の目安は、上下している成績の幅でとらえ、上のラインがチャレンジ校、下のラインが安全校と考えます。

安定・マイペースタイプ

基本 **安全** **チャレンジ**

3つの型のうち、どれでもOK！

安定した力をもっていることの証拠ですが、一方、成績がなかなかいま以上に伸びないという見方も。予想外の悪い結果もない反面、いままでより飛躍的に良い結果も望みにくいと言えるかもしれません。チャレンジ校は受験生の平均偏差値よりプラス５程度、安全校はマイナス５程度を基本に考えましょう。

併願について
もっと詳しく知りたい方は、
こちらもチェック！

先輩保護者アンケート

Q 受験校、わが家はこうやって決めました！

こうして良かった！

◆新設校を検討していたが、「予測が難しいからもう一方の候補の学校にした方が良い」と塾の先生からアドバイスされ、実際に予想以上の人気と高難度だったため、従って正解だった。（●学習院）

◆本人の気持ちを一番に!!（●聖学院）

◆模試の会場で行った学校に子どもが興味を持ったのがきっかけで、調べて受験し、結果進学することになった。（●世田谷学園）

◆2月1日夜までに、行っても良いと思える学校に合格をもらえるとかなり気持ちが楽なので1月中、1日午後の学校は、それを意識すると良いと思う。（●世田谷学園）

◆通学のしやすさはやはり重要だと思った。（●桐朋）

◆コロナのため、授業の様子などは見ることができなかったが、必ず1回は現地に行った。（●武蔵）

◆成績で決めるのではなく、入学した後の生活を想像できるかどうか。本人が楽しく通えそうな学校を選び大正解でした。（●立教池袋）

◆友達に併願プランの話をしない。（●浦和明の星女子）

◆人気上昇中の学校に惑わされないようにした。（●共立女子）

◆本人が納得できない学校は受けない。（●頌栄女子学院）

◆塾に相談する中で、やはり〝絶対〟というのはなく過去問との相性も参考にしかならないので、行きたい！という気持ちで決めていくしかないと思った。（●女子学院）

◆体力的に無理なく動け、第1志望へ注力できるスケジュールにした。（●白百合学園）

◆塾の先生は、考えていなかった学校も提示してくれて選択肢が広がり、第1志望校合格のための併願校をアドバイスしてくれるのでよかった。（●豊島岡女子学園）

◆過去問との相性で、本人が解きやすいと感じる学校を選ぶとリラックスして受験できると思います。（●横浜雙葉）

◆確実に合格できそうな学校を最初に受験してはずみをつけた。（●立教女学院）

◆子どもと学校の両方をよく知る第三者（塾の先生）のアドバイス。（●立教女学院）

◆コロナで学校見学の機会が少なく、決定が難しかった。親の目線で子どもに合いそうな学校を選ぶこともまちがいでないと思う。（●湘南学園・男子）

◆併願校であっても、本人の希望を優先すると受験への意欲が湧くようです。（●茗溪学園・男子）

◆入試問題の傾向が違う学校を選択すると対策に苦労するので、傾向が似ている学校を選択することをお勧めします。（●明治大学付属明治・女子）

◆本人の得意科目を知り、配点や出題形式を考えて受験校を決めた。（■●※千葉市立稲毛国際・女子）

こうすれば良かった…

◆2月1日を自分の実力と合った安全校にすればよかったです。模試で一番高かった偏差値を基準にしたため、1〜3日はどこも受からなかった。（●高輪）

◆偏差値とデータだけで決めた併願校は、受験で実際に訪れてみたら思いのほか通学が大変で実際に通うことは無理な学校もあった。（●桜蔭）

◆確実に合格できそうなゾーン（偏差値で10以上低い）でのみ選んでしまった。もっと信じて攻めてもよかった。（●香蘭女学校）

◆見学にも行ったことがない学校を併願校にしたら最後まで本人は興味を持たなかった。（●東京都市大学等々力・男子）

●男子校、●女子校、●共学校、■公立中高一貫校
（ ）内の学校名は進学先です。共学のみ、子どもの性別を記載。
コメントの内容は進学先のこととは限りません。

※千葉市立稲毛国際…2022年に千葉市立稲毛高等学校附属から校名変更、中等教育学校に改組予定。

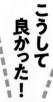

合格の極意

3

出願の仕方

WEB出願が主流となり紙の願書に記入するケースは
極めて少数となりました。
名前や住所等は一度登録すれば済むなど簡略な手続きが増える一方、
志望理由をしっかり書かせる学校もまだ多くあります。
出願の準備から完了までのポイントをご紹介します。

目次

合格の極意
3
出願の仕方

1 要項の入手・提出書類の準備

受験校が決定したら、次に保護者がやるべきことは、入試要項(願書)を入手し、提出書類を準備することです。

入試要項は、多くの場合は秋の説明会以降に配布・販売され、学校の窓口や説明会などで入手することができます。WEB出願が主流になったことで、紙の要項は作らずHPからのダウンロードのみの学校もあります。すでに受験を決めている学校だけでなく、少しでも受ける可能性のある学校の要項も早めに入手しておきましょう。

紙の願書はかなり少なくなっていますが、採用している学校もあります。紙の願書の場合、清書する前に下書きは必須ですが、最初に下書き用のコピーをとれば大丈夫なので、願書を複数入手しておく必要はありません。

遠方から受験する場合は、学校HPや電話で問い合わせれば、郵送してくれる学校が大半です。

また、出願時に、小学校の先生に記入してもらう「調査書」や、「通知表のコピー」などの提出が必要な学校もあります。提出書類および提出方法は学校によって異なりますので、要項でしっかり確認しましょう。

通知表のコピー

WEB出願でも出欠日数を入力することも。念のためコピーを

必要書類に通知表のコピーが記載されている場合、紙で提出する場合と、WEB上にアップロードする場合があります。サイズのほか、どの項目欄をコピー(スキャン)しなければならないのか、両面か片面かなど、学校の指示をしっかり確認。

願書の特記事項として、表彰されたことや出欠日数、委員会活動などを入力(記入)する欄があることもあります。提出予定がなくともコピーをとっておくと良いでしょう。2期制の小学校の場合はコピーをとるタイミングにも注意しましょう。

調査書の依頼

調査書は誠意をもって、早めにお願いしよう

年々、減ってきてはいますが、国立大学附属校や公立中高一貫校を中心に調査書を必要とする学校はまだあります。

小学校の先生に依頼するときは、先生方の労力と負担を考え、余裕をもってていねいにお願いしましょう。

2学期(2期制の場合は前期)の評価をした後に書くため、冬休み中に出勤して書く先生も多いようです。

面談のときに調査書がある旨を伝えておくなど、遅くとも冬休み前には依頼しておきましょう。

●男子校、◐共学校
( )内の学校名は進学先です。共学のみ、子どもの性別を記載。
コメントの内容は進学先のこととは限りません。

2 出願方法の確認

現在は大多数の学校がＷＥＢ出願を採用していますが、ごく少数ですが、窓口や郵送の学校、またはＷＥＢ・窓口・郵送から選択できる学校もあります。選択が可能な場合は各家庭にあった方法を選べばＯＫですが、出願方法ごとに受付期間が異なるので注意が必要です。また、複数回受験をする場合は同時出願だと受験料が割引になる学校もありますので、要項で確認しておくと良いでしょう。

ＷＥＢ出願は、インターネットに接続できる環境（パソコン・スマートフォン・タブレット端末など）とプリンターが必要です。自宅にプリンターが無い場合はコンビニのプリントサービスなどを利用しましょう。自宅で出願を完了できるので利便性は高いですが、締め切りギリギリに出願しようとしたらサイトが混みあっていてつながらなかったという声も。いつでもできるからと安心せず、余裕をもって出願しましょう。また、手書きよりも簡単な分、ミスも起こりがちです。入力項目の取り違えや入力間違いが無いよう、複数の目で確認しましょう。

窓口出願は、提出する際に目の前で書類を確認してもらえるので、記入もれや誤記があっても、その場で対処できることがメリットです。受験料は窓口で現金支払いをするケースと、振り込みの控えを添えるケースがあります。

郵送出願の場合、期日が「必着」なのか「消印有効」なのか確認が必要です。「締め切り日」よりも「受付開始日」を意識して発送しましょう。郵便には、配達した事実を証明する「配達証明」や、希望した日に届けてくれる「配達日指定」などのサービスがあります。必要に応じてこういったサービスを利用すると安心です。ただし、学校によっては「簡易書留で」「速達不可」などの指定があることもありますので、要項をよく読み学校の指示に従って送付してください。

3 写真を用意する

出願用の写真は、基本的に３カ月以内に撮影したものを使用し、遅くとも年内には用意しておきましょう。服装はなんでも構いませんが、メガネをかけて受験するならメガネをかけた状態で撮りましょう。顔がはっきり写るように髪型はさっぱりとしておきましょう。基本的にマスクははずして撮影します。

写真は願書や受験票に貼付する場合と、データをネット上でアップロードする場合があります。写真店で撮影してプリントとデータの両方を購入すれば、サイズや枚数を指定できスムーズです。

貼付する場合は、願書や受験票から写真がはがれてしまった場合を考え、裏面には必ず受験生の氏名と小学校名を記入しておきましょう。両面テープや写真専用のりを使うときれいに貼れます。

Q 写真で悩んだこと・失敗したことは？

◆写真データのサイズ指定があったので苦労して合わせたのに、写真選択画面の後でサイズの調整ページが出てきた。先に書いておいてほしかった…。（●）

◆写真スタジオで受験用写真のことをたずねたら明確な返答をもらえなかった。割高とは思ったが、塾であっせんしている写真屋さんでお願いしたら、スムーズに完了したので安心という意味で利用してよかった。（●世田谷学園）

◆ＷＥＢ出願のときに写真のアップロードがうまく出来なくて、ファイル形式を変えたり苦労した。（●國學院大學栃木・男子）

◆服装をどうすべきか悩みました。無難に白シャツ＋グレーのセーターにして、結果的によかったと思います。（●三田国際学園・男子）

4 入力（記入）・出願

WEB出願

WEB出願では、出願開始日よりも前に受験者情報などの登録をしておくことができる学校がほとんどです。入力できる部分は早めに済ませておきましょう。ただ、志望理由や小学校の出欠日数、併願校の記入など、詳細な内容は出願受付開始後に初めて明らかになるケースもあります。自宅でいつでもできるからと油断せずに、出願受付が開始されたら速やかに手続きをしましょう。

写真は、データをアップロードする場合と、プリントした受験票などに貼付する場合があります。

紙の願書の記入

郵送・窓口出願の場合は紙の願書への記入が必要です。願書は、まずは何枚かコピーをとり、下書きを作成しましょう。特に志望理由は、いきなり書くのは難しいもの。文字数や文字の大きさのバランスを見ながらコピーに書き込んでみましょう。下書きを終えたら、記入者以外の誰かに一度目を通してもらうと安心です。

本番の願書への記入では、筆記具は、指定がなければ黒かブルーブラックのボールペンがいいでしょう。こするとインクが消えるタイプのペンはNGです。もし書き間違えたら修正液は使わずに、二重線を引き、訂正印を押して書き直せば大丈夫。書き損じが合否に影響することはありません。

書き上げたら、コピーをとっておきましょう。特に面接がある場合は、記入した志望理由を再確認するためにもコピーは必須です。

出願のチェックリスト WEB

確定・送信の前に

- □ **入力内容に間違いはない？**
  - □住所
  - □氏名（子どもと保護者の欄の取り違え）
  - □生年月日　□緊急時の連絡先
  - □メールアドレス
- □ **入試回・入試科目は大丈夫？**
- □ **支払い方法はOK？**

出願後に

- □ **プリントするものは？**（受験票、宛名ラベルなど）
- □ **学校に郵送が必要なものはある？**
- □ **受験時に持って行くものは何？**

チェックリスト 紙の願書

- □ **願書に不備はない？**
  - □捺印　□写真
  - □記入・チェックもれ
  - □誤字・脱字
- □ **願書のコピーはとった？**
- □ **受験料の支払いは済んだ？**
  支払いが済んだら、証明書を書類に貼付するのを忘れずに。控えはしっかり保管する。
- □ **必要書類はそろっている？**
  提出書類を確認する際は、切手が貼付されているかなどもチェックを。
- □ **もう一度、要項を確認**
  思い違いや抜けなどがないか、最後に入試要項をもう一度見直そう。

この項目、どう書く？

親の教育方針

「これまでの教育方針」「これからの教育方針」の2つを書くのがポイント。前者はしつけなどを、後者は志望校の教育方針をある程度意識して将来の希望などを書く。

本人の性格

読んだ人に与える印象を考慮して言葉選びに工夫を。特に短所は、遠回しな表現を使う。「落ち着きがない➡活発で行動的」「引っ込み思案➡控えめで思慮深い」など。

併願校

併願校や志望順位は正直に書いてOK。学校は合格辞退者人数の予測のために知りたいだけなので、合否に影響はない。

通学経路・通学時間

自宅から学校までの電車・徒歩・バスなどの交通機関と所要時間を記入。電車の乗り換え時間は5分程度で計算し、自宅から学校までの合計時間を書く。

WEB出願の流れ

●逗子開成（2021年）の場合

STEP 1
逗子開成ホームページ
→ 出願サイトへアクセスしてログイン（初回はID登録が必要）

2
画面の指示にしたがって、顔写真登録・志願者情報を入力

3
試験選択画面より、受験する試験回を選択

4
受験料の支払い方法選択・志願者情報登録内容の確認
→ クレジットカード支払い（オンライン決済）→ **6**
→ **5** 支払い番号を確認してコンビニ・ATMで支払い → **6**

6
支払い完了メール確認

マイページ
受験票・志願票（学校提出用）印刷

（帰国生入試の場合）提出書類の郵送→ 試験当日、必ず受験票・志願票／健康チェック票（学校提出用）持参

先輩保護者アンケート

Q 願書の入力・出願手続きで悩んだこと・失敗したことは？

◆併願校を入力する必要があったのは予想外でした。ありのままに入力しました。（●）

◆受験票を印刷する用紙が、コピー用紙だと持ちづらいので、厚紙を買って印刷するとよかった。（●）

◆入試の1年半前に引越し、住所を間違えがちだったが、最初の学校で入力ミスをしてしまった。学校に電話をして修正して頂いた。何度も確認、又は他の人にも見てもらうことをおすすめします。（●）

◆早く入力して出願したいと思って焦ってしまい、入力を間違えてやり直したので、結局時間がかかってしまった。焦らず入力した方が良いと思います。（●）

◆父親が自分の名前で出願してしまい慌てました。落ち着いてと思っても、同様の失敗はあると思います。（●）

◆入金が済むと修正できないことを知らずに間違えた入力のまま送信してしまいました。あわてて学校側に連絡を入れて修正していただきました。（●）

◆出願開始時刻が学校によって様々で、事前に調べた情報とも異なるケースがあったため、直前に学校ホームページで最新情報を確認する必要があった。（●）

◆志望理由（文字数制限あり）を考えているうちに出願サイトのページがタイムアウトになってしまい何度も入りなおしました。（●）

◆出願開始時間にアクセスすると全くつながらなかった。30分後にようやくつながった。はじめから30分後や次の日に出願してもよかったと思った。（●）

◆WEB出願後、後日書類を送るタイプの学校には注意をした。（●）

◆WEB手続き後に出願書類を郵送するときに、受付番号の入った送付状が出ていたはずなのに見落としていて、そのまま送ってしまった。あとで学校から電話で連絡があって焦りました。（◐・女子）

志望理由を書く・入力する

志望理由の記入（入力）欄は、「入学したい」という熱意を伝える場。保護者が教育理念や校風をどう解釈しているか、何に期待しているかなどを書きましょう。「校風が良い」といった抽象的な言葉ではなく、説明会や文化祭など学校訪問時の体験をもとに、具体的なエピソードを交えて書くといいでしょう。文章は常体（だ・である）ではなく、敬体（です・ます）で書きましょう。

WEB出願の場合も、いきなり志望理由を入力するのは難しいものです。事前に文字数を確認してパソコン上で文章を作っておき、出願時にコピー&ペーストするといいでしょう。

志望理由を書く（入力する）際の手順

1 魅力を感じた点を箇条書きに

その学校のどこに魅力を感じたのか、なぜ受験しようと思ったのか、教育理念のどの部分に賛同しているのかなどを箇条書きに。

2 具体的なエピソードを思い起こす

説明会や文化祭など実際に学校訪問した際に感じた在校生や先生の印象、記憶に残った話、展示内容など、具体的な内容で肉付けを。

3 親としての思い、子どもの気持ちを言葉にする

2を踏まえて「子どもにどう成長してほしいか」に触れてもOK。受験生本人がその学校に魅かれている点やその理由を加えても良い。

4 記入欄・文字数におさまるように調整する

具体例を調整しながら、記入欄の大きさや指定文字数に合うように調整。紙の場合は字の大きさ・バランスなどもチェックして。

5 書いた本人以外の人にも見てもらう

誤字・脱字などの最終チェックは書いた本人以外の人にも確認してもらい、ダブルチェックを。家族で協力してミスがないようにしよう。

6 記入（入力）後はコピーをとっておこう

記入後は、紙の場合はコピー、WEBの場合はスクリーンショットやプリントしておくと安心。面接がある場合は、志望理由をもとに質問されることもあるので面接前に確認して、発言が食い違わないよう注意を。

先輩保護者アンケート

Q 志望理由を書く際に大変だったことは？

◆志望理由を記入する分量をちょうど良くおさめるために、何度も下書きをしました。あまり少なくても、はみ出ていても印象が悪いかなと、ちょうど良い文字数にしようと試行錯誤しました。（●）

◆親目線・子ども目線どちらで入力すれば良いのか悩んだ。結局両方の視点から書いた。（●）

◆子どもが自身で手書きする志望理由の欄がありました。志望理由の他、小学校で取り組んだことなどを書くものでした。冬休み前から練習し、国語の先生に見てもらって自信をもって出すことができました。（●）

◆志望動機を50文字で入力しなければいけない学校があった。短すぎて苦戦した。（●）

◆おためし受験校の志望動機を入力するのが大変だった。（◐・女子）

●男子校、●女子校、◐共学校
共学のみ、子どもの性別を記載。

志望理由の実例集

※2021年入試で、先輩保護者が実際に書いた「志望理由」です。項目名は学校により異なります。「備考欄」などへ記入した内容の場合もあります。出願方法、提出書類の変更などにより2022年入試では志望理由の記入の必要がないこともあります。

●芝

先生方が生徒を温かく見守って下さる校風、生徒の自主性を重んじる校風にひかれました。また校長先生はじめ先生方の仲がとても良く風通しのよい学校だと感じ志望しました。

御校の教育方針に共感を覚えました。学校見学会でお話を伺った先生方や生徒さん達もとても好感が持てました。校長先生も男子校の生徒を良くご理解されており、安心して通わせられると感じました。

文化祭で伺った際、在校生がとても親切で楽しく過ごすことができました。また、先生方と生徒の距離が近く、親しみやすい印象を受けたため、志望しました。

●鎌倉女学院

志望理由（保護者の方がご記入ください）

貴校の教育方針や校風に感銘を受け、娘にもそのような学校生活を送ってほしいと願い、志望いたしました。貴校の新たな教育改革にむけての論理的思考力や課題解決能力の涵養の取り組みは、日頃から私共が大切にしている考えですので、とても共感しております。また貴校で開催されたオープンキャンパスに参加した際に、娘に対して在校生の方から優しく接して頂いたことで、安心と共に大きな憧れを抱くようになり受験を決意しました。以上の理由から、家族一致で、貴校で学び充実した青春を送りたいと望んでおります。

●恵泉女学園

私共は、娘が自分の考えや気持ちを表現する力を持ってほしいと願って育ててきました。その中で、貴校が実践しておられる自己を深く見つめ言葉に書き表す「感話」に感銘を受けました。また娘は、オーケストラやハンドベルの演奏を通して、自分の表現したいことに一生懸命な在校生の皆様の姿に感動し、貴校を志望しています。

●浦和明の星女子

娘は２年生の時に初めて御校を訪れて以来、ずっと御校に入りたいと願っておりました。御校なら、「正・浄・和」の校訓のもと、自然豊かな環境で、自分らしく６年間を過ごすことができると言っております。また、在校生の方にお話を聞いた時、明るくかつ温かい印象で、学校生活が楽しいと言っていたのを聞き、親としてもぜひ娘を入学させていただきたいと思い志望いたしました。

一人一人を尊重する教育方針に惹かれ、また明るく楽しそうな在校生の皆さんの様子を見て、娘はぜひ入学したいと希望しております。入学出来たら、勉強だけでなく、吹奏楽部に入って部活動にも積極的に取り組みたいと言っています。また親としても、自然豊かな環境で、娘が自分らしくのびのびと６年間を過ごせると思い、志望いたしました。

学校説明会に参加した際、校長先生のお人柄と「一人ひとりを大切に」「みんなで」という理念に親子共に強く惹かれました。あたたかい校風のもと、星子の一人として、みんなで学び合ったり、いろいろな経験をしたりしたいと思い、志望いたします。

両親共にキリスト教学校教育を受けており、娘にも、どのような境遇にあっても感謝の気持ちを持って乗り越えてゆくことのできる心の基盤を築いて欲しいと願っております。13歳から18歳という多感な時期に「みんなで」と「一人ひとり」を大切にされている貴校で、自己を見つめ他を認めることで、社会に貢献できる人間へと成長して欲しいと願い、志望いたしました。

◐東邦大学付属東邦

環境問題や自然保護に興味があり、「自然」「生命」「人間」を建学の精神に掲げた貴校で学びたいと思いました。多数の実験室を有する環境で実験に日常的に携わりながら、又、学問体験講座なども通して学びを深めたいと考えています。

女子学院

大学進学への近道を求めるのではなく、興味や好奇心を大切にし、それを深く掘り下げることを大切にする御校の教育方針に感銘を受けました。また、文化祭で体育館を探して迷っていた時に、生徒の方が声をかけ親切に案内して下さり、感動しました。娘には他者に寛容で自立した女性になってほしいと願い、志望しました。

個性を大切にし、他者を排除してはいけないという教育方針に大変魅力を感じています。広く様々な事を学ぶことで自分の行動に責任を持ち、他人や社会のために力をつくせるような大人になってほしいと願って御校を志望しました。

日本女子大学附属

昨年の文化祭を拝見し在校生の生徒さんの立ち振る舞いや会話の受け答えがとても立派で好感を持ちました。娘は少し内向的な性格ですが何事も諦めずに最後まで頑張る子です。御校の自念自動の教育理念にも感銘を受け娘にも自身で道を切り開く女性になって欲しいと思います。自然豊かな校舎も理想的な環境です。音楽のヴァイオリン教育など独自の取り組みが音楽の好きな娘に是非とも受けさせたい授業で、大変興味深いです。

文化祭で明るく活発な生徒達の姿を拝見し、御校の「自ら考え、自ら学び、自ら行動する」という教育目標に惹かれ入学を志望致しました。

佐野日本大学

本校志望の主な理由	貴校を志望した理由は、貴校の校訓である「自主創造」に深く共感、したからです。私共は息子が自分で考え行動できる人間になって欲しいと願い育てて参りました。将来への幅広い進路を考える上で子どもの自主性を尊重する貴校が息子の心身の成長に最も良い環境であると信じております。
中等教育学校生活の抱負（将来の進路等）	息子は、貴校のユネスコスクールとしての活動や海外研修プログラムに大変魅力を感じました。それらの活動を通して、外国の文化や習慣を学び、将来は世界で活躍できる人になれるようにコミュニケーション能力を高めていきたいと考えています。

5 受験料の払い込み

受験料の払い込み方法も学校によってまちまちです。WEB出願の場合はコンビニ支払い、クレジットカード、ペイジーから選択する場合が大半ですが、それぞれ手数料が異なりますので注意しましょう。また、払い込み後に確認メールが送られてくる場合、払い込み方法によってメール到着までの時間に多少差があるようです。

　窓口・郵送出願の場合は、銀行や郵便振り込みが大半です。受験料の払い込み期間が、出願期間と異なる場合もあるので注意しましょう。金融機関窓口での振り込みの場合は、営業日時に注意を。

払い込み方法いろいろ

コンビニ支払い	支払い方法はコンビニにより異なるが、端末機から出力された「申し込み控え」や「確認番号」などを持ってレジへ。収納証明書は必ず受け取ること。
クレジットカード	時間と場所を選ばずに手続きができ、決済完了も比較的早く便利。ただし手数料が高めなので注意。事前に利用限度額の確認も。収納証明書などはプリンターで印刷する。
ペイジー	主にWEB出願の場合に、ペイジーを選択できる場合も。ペイジー対応金融機関のＡＴＭか、学校によってはネットバンキングで支払うことができる。ペイジーを選択すると金融機関の窓口では支払えないので注意。
銀行振込	学校指定の用紙を使い、受験生の氏名で手続きする。基本は窓口だが、ATMもOKな学校も。振込先と同じ銀行からだと手数料が安くなる。時間によっては「翌日扱い」になるので注意。
郵便振替	学校指定の用紙を使用。通常振替の場合、窓口ではなくATMなら手数料が安いだけでなく、土日・祝日も利用できる。

先輩保護者アンケート

Q 受験料の払い込みで悩んだこと・失敗したことは？

◆クレジットカードの支払い枠をあらかじめ確認しておく必要がある。（●）

◆一度ペイジー決済を利用したが、銀行まで行く手間を考えると手数料はかかるがクレジットカード払いが便利だと思った。（●）

◆入金はクレジットカードを使用しました。受験料だけでなく入学金も複数支払ったため、当初設定の利用限度額を超えるものとなり、限度額の変更手続をしました。事前に最大利用額を見積り、必要な場合、限度額を変更しておくことをおすすめします。（●）

◆複数回受験と1回のみ受験とで金額が違い、金額を間違えて入金してしまうこともありました。（●）

◆複数回受験をまとめて出願すると割引がある学校があり、予定以上に出願してしまいました。（●）

◆クレジットは、すぐ決済出来るので安心だが、手数料が高い。最初は、それを知らず、クレジット決済をしてしまった。（◐・男子）

◆口座の残高に余裕を。（◐・男子）

6 出願後は受験票をしっかり保管

受験票に記載されている受験番号は、入試はもちろん、入学手続きの際にも必要となります。WEB出願の場合は、自分でプリントした用紙となることも多いので、他の資料と紛れがちです。受験票を発行したら、学校ごとの書類保管用ファイルや、受験票用のクリアファイルに入れるなど、わかりやすく保管しておきましょう。

　また、受験票の画像等をスマホにも保存したり、受験番号を手帳に控えるなど、保護者は受験番号を必ず手元に持っておきましょう。

●男子校、●女子校、◐共学校
共学のみ、子どもの性別を記載。

合格の極意

4

11月から入試当日までの過ごし方

健康管理は、保護者のいちばん大事な仕事といってもいいかもしれません。万全な状態で本番を迎えるために、食事、生活リズム、感染症対策などに気を配りましょう。

目次

合格の極意

4

健康管理・メンタルケア

入試本番に向けてベストコンディションをつくっていくために、食事・睡眠などのリズムを整えつつ、ストレスをためない日々を心がけましょう。

生活全般

入試に向けて生活リズムを整えよう

入試が近づき、気持ちが落ち着かなくなってくる時期だからこそ、「普段どおり」の生活を心がけることが大切です。〝受験生だから〟と無理をしたり特別なことをしたりせず、食事・睡眠をきちんととり、規則正しく過ごしましょう。

冬休み前後は、入試本番に向けて生活のリズムを整える最後の機会。朝が早い入試本番に備えて、できれば朝型に切り替えていきたいものですが、早起きがかえってプレッシャーになるようなら、本人に合ったペースで構いません。とはいえ睡眠はしっかりとりたいので、夜はできるだけ早く寝るようにしましょう。

それから、朝食はしっかり食べること。食事をはじめ、毎朝決まった時間に排便することなどは、入試当日に照準を合わせてコンディションを整えていくうえで、欠かせない習慣です。

家庭内の雰囲気づくりは家族全員が協力

入試を目前にすると、徐々に家庭内の雰囲気も緊張感を増してくることでしょう。ピリピリした空気では、受験生に悪い影響を与えかねません。家族みんなが協力し

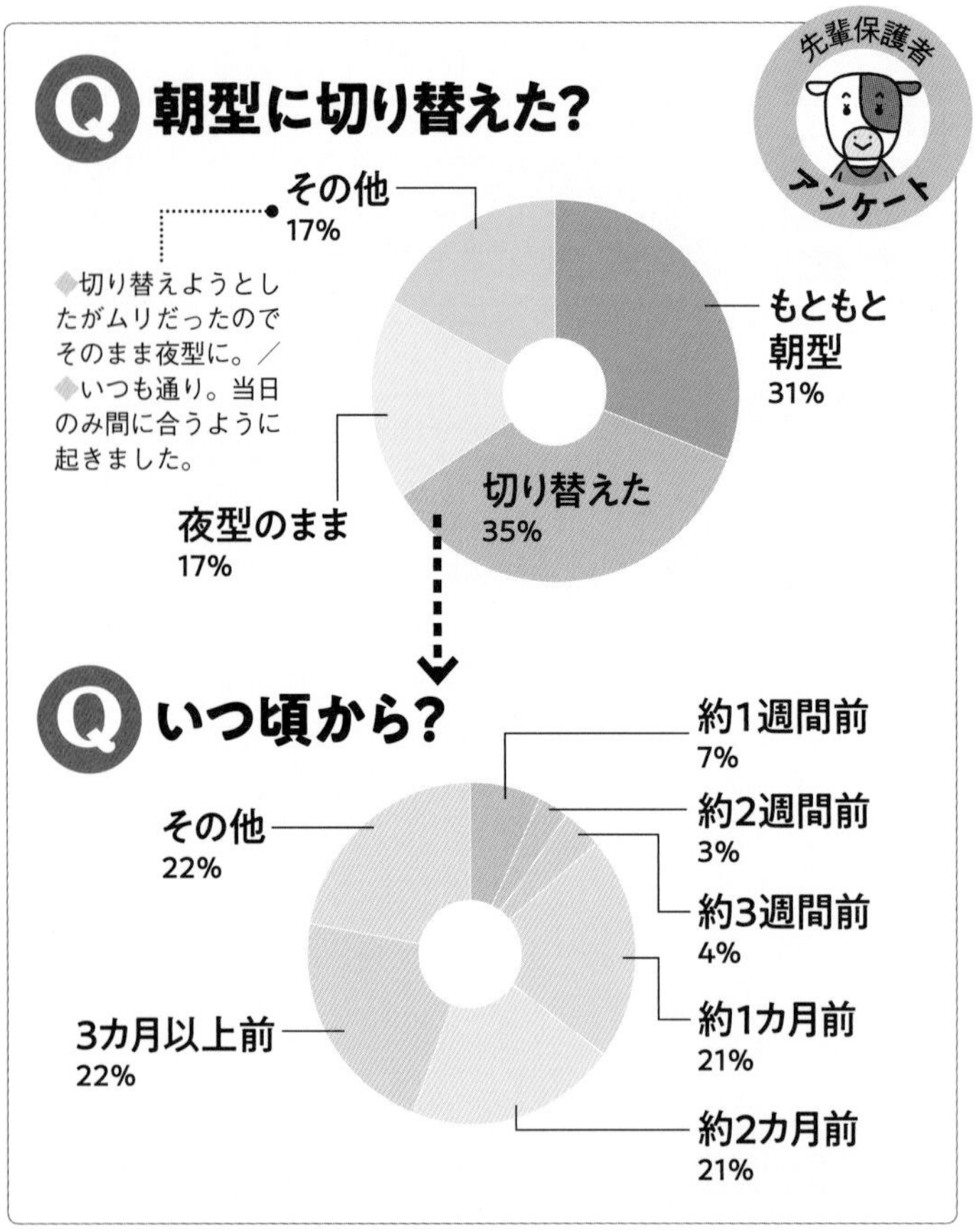

先輩保護者アンケート
Q 朝型に切り替えた？
もともと朝型 31%
切り替えた 35%
夜型のまま 17%
その他 17%
◆切り替えようとしたがムリだったのでそのまま夜型に。／◆いつも通り。当日のみ間に合うように起きました。
Q いつ頃から？
約1週間前 7%
約2週間前 3%
約3週間前 4%
約1カ月前 21%
約2カ月前 21%
3カ月以上前 22%
その他 22%

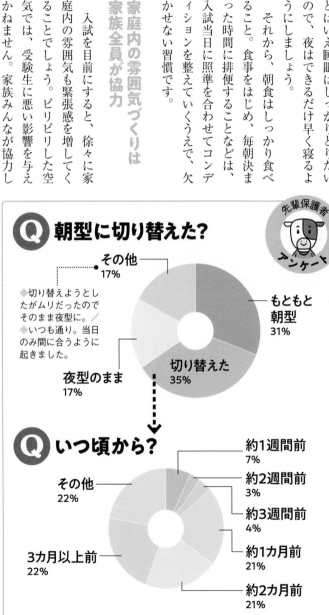

合って、明るい雰囲気を心がけましょう。

　保護者が不安がっていたり焦っていたりすると、それは受験生に伝わってしまいます。どうしても不安になったら、同じ受験生をもつ保護者同士でおしゃべりするなどして、ストレスを発散しましょう。またこの時期は、受験生が体調を崩したら、無理をさせずにゆっくり休ませてあげましょう。

　年が明けるといよいよ埼玉などの1月入試が始まります。小学校の友達に会うのは気分転換にもなるので、本人の体調や感染症の流行などに不安のない限りは、入試日以外はできるだけ休まず小学校に通うのがいいでしょう。

　なお、入試前日の過ごし方は各家庭によってさまざまです。家族団らんでリラックスしたい子や、最後まであきらめずに机に向かっていたい子、拍子抜けするほど普段どおりの子もいれば、緊張して寝つけないという子もいるかもしれません。翌日に向けてベストな状態にもっていけるように、それぞれの受験生に合った、本人が過ごしやすい環境や雰囲気づくりをしましょう。

過ごし方のポイント

1. **普段どおりの生活を心がける**
2. **できるだけ早く寝て、睡眠時間を確保する**
3. **朝食をしっかりとり、生活リズムを整える**
4. **手洗い・うがい、マスクの着用などで風邪予防も**
5. **入試直前も、小学校にはできるだけ休まず通う**

小学校はどうしたらいい?

原則は休まない いつもどおりの生活を

　中学入試は平日にも行われるので、入試当日には小学校を休むことになります。受験する日程がほぼ固まったら、入試日の1週間前までを目安に小学校に欠席届を提出しておきましょう。

　入試直前の時期に小学校をどうすべきか、悩む保護者も多いようです。原則は「小学校は休まずに、いつもどおりの生活を送る」です。

　小学校を休んで家庭学習をしようとしても、一日中、一人で机にむかっても質のよい学習にはなりませんし、保護者がつきっきりになると、親子ともにストレスになります。直前の時期こそ、受験生、保護者ともに「あえて中学受験から離れる時間」があるほうが、よいリズムにつながるはずです。

　ただし、インフルエンザや新型コロナウイルスなどの流行の状況によっては、リスクを避けるためにも、無理せず休むことも必要です。もし、入試前に小学校を休む場合には、学校の時間割と同じ時程で学習するなど、生活リズムが乱れない工夫をしましょう。

先輩保護者アンケート

Q 入試直前に小学校を休んだ?

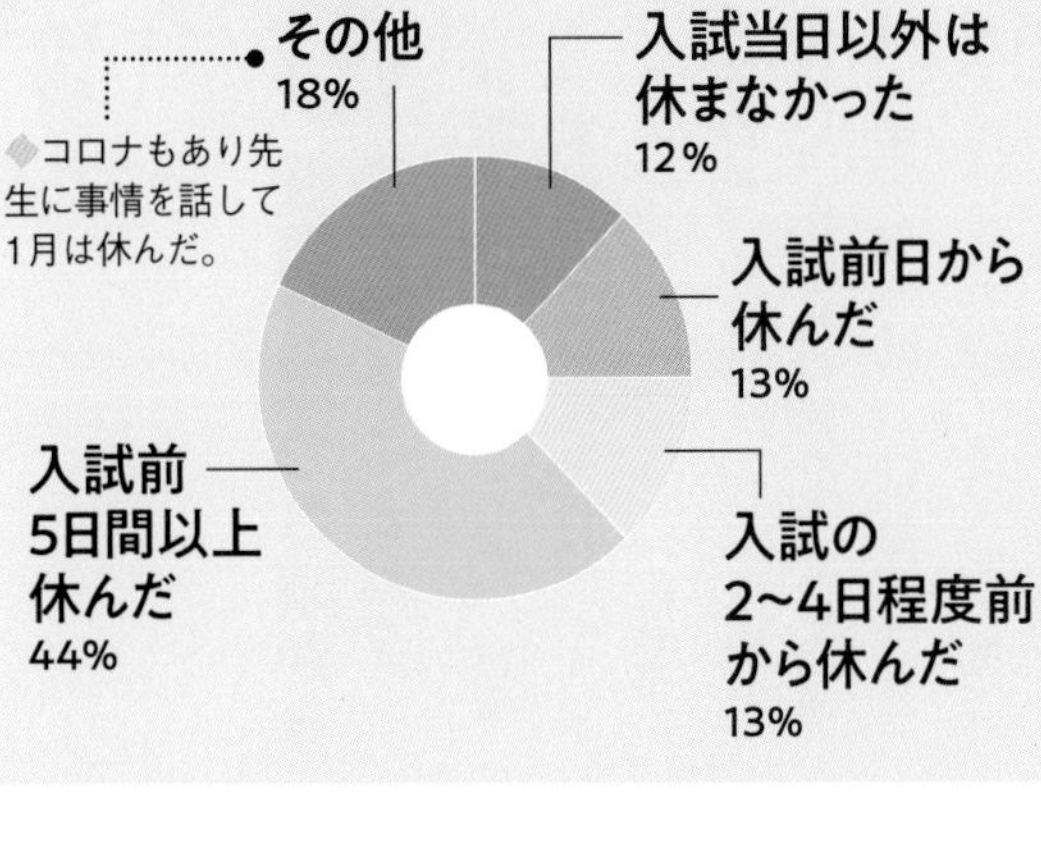
入試当日以外は休まなかった 12%
入試前日から休んだ 13%
入試の2~4日程度前から休んだ 13%
入試前5日間以上休んだ 44%
その他 18%
◆コロナもあり先生に事情を話して1月は休んだ。

感染症予防と食事

規則正しい生活と手洗い、うがいなどの習慣を

新型コロナウイルスはまだ注意が必要な状況が続いており、さらにこれからの季節は風邪やインフルエンザも流行します。これらの感染症から身体を守るには免疫力を上げることが大切。そのためにも十分な睡眠とバランスのよい食事、そして適度な運動で健康な身体を維持しましょう。

感染症の予防は、まずは感染を防ぐことから。人混みを避け、外出時に使用するマスクはできるだけ、顔にフィットする不織布のマスクがよいでしょう。こまめな手洗い、うがいも必須です。

ノロウイルスは生ものや貝類、特に牡蠣などの二枚貝から感染することが多く、感染力が強いため家族の誰かが感染すると家庭内に拡がってしまいます。家族も含め入試前1カ月程度は生ものや貝類は控えた方が安心です。

インフルエンザの予防接種は、インフルエンザの流行を抑えるという目的からも重要となります。受験生本人はできる限り受け、保護者や祖父母は新型コロナワクチンの接種状況等に応じて判断し、可能ならば受けましょう。

身体を守り、脳を働かせる直前期の食事のポイント

この時期の食事では、胃腸に負担のかかる油っこいものや食中毒の心配のある刺身などの生ものはできるだけ避けた方が安心です。おすすめは、お肉や魚といろいろな野菜が入ったスープや煮物、鍋料理などです。野菜を無理なくたっぷりとることができ、身体も温めてくれます。この基本をふまえて、積極的にとりたい食材なども解説していきましょう。

学習にも熱が入るこの時期。質のよい学習とするためには、脳の唯一のエネルギー源であるブドウ糖が不足しないように、炭水化物を十分にとりましょう。ブドウ糖はでんぷんが体内で分解されたもの。ご飯・パン・麺などの主食をしっかり食べる必要があります。また、ブドウ糖は身体の中にためておくことができないため、朝目覚めた時点では脳のブドウ糖の血糖値が低くなっています。朝食を食べてでんぷんを補給すると、脳が目覚めて活動し始めるのです。一日のスタートである朝食は欠かせません。

このほか、思考力、記憶力をアップさせるのに必要な物質であるDHAを多く含む青背の魚や、脳を活性化し疲労を回復するビタミンB_1が豊富な豚肉なども積極的に食事にとり入れましょう。

感染症を予防するには身体の免

先輩保護者アンケート

Q 健康管理で日頃から心がけたことは?

◆睡眠をしっかりとること。食事の栄養バランス。予防接種（インフルエンザ）。（●麻布）

◆家庭内でタオル・コップを共用しない。小学校に通う弟とは食事時、対面で座らない。（●鎌倉学園）

◆たくさん食べて、たくさん寝る（必ず8時間は寝る）。（●城北）

◆うがい、手洗い、マスク、アルコール消毒。帰宅したら全身着替えるか入浴。（●桐朋）

◆インフルエンザは家族全員予防接種を受けた。（●跡見学園）

◆子どものストレスサインをよく観察した。（●横浜共立学園）

◆心配しすぎたり楽観しすぎたりしないよう精神的な振れ幅が大きくならないようにした。（◐東邦大学付属東邦・男子）

◆体調が悪そうな時は無理せず休ませた。（◐明治学院・女子）

●男子校、●女子校、◐共学校
（　）内の学校名は進学先です。共学のみ、子どもの性別を記載。
コメントの内容は進学先のこととは限りません。

合格の極意4 過ごし方

疫力を高める必要があります。免疫力を高めるのに有効な主な栄養素は、たんぱく質、ビタミンA、ビタミンCなどです。ビタミンAは粘膜を丈夫にしてくれる働きがあり、鼻・喉などの粘膜を強くすることでウイルスの侵入を防ぐことができます。ビタミンAは緑黄色野菜や魚、レバーなどに多く含まれています。ビタミンCはキャベツや白菜などの淡色野菜、みかんなどの柑橘類、いも類に多く含まれています。ビタミンCは熱に弱く加熱で分解されてしまいますが、じゃがいもやさつまいもなどのいも類はビタミンCがでんぷんで守られており加熱後も壊れません。寒さの厳しい時期にはポタージュや温かい煮込み料理にしてたっぷりととりましょう。

入試本番が近づいてくると、緊張感からストレスもたまりやすくなり、ストレスがたまると免疫機能も低下してしまいます。神経の興奮を鎮める作用があるのはカルシウム、マグネシウムなど。牛乳・乳製品はカルシウムを多く含み吸収率もよいので、カルシウム補給として牛乳、チーズ、ヨーグルトなどを毎日とりましょう。マグネシウムは大豆や大豆製品、ホウレン草、イカ、タコなどに多く含まれています。豆腐の味噌汁などは神経が高ぶりやすい入試当日の朝食にも最適です。

ここに紹介した栄養素や食材は、いろいろな食品を組み合わせることで互いに影響し合って働き、力を発揮します。主食・主菜・副菜をそろえて、偏食せずあらゆるものをとり入れるのがバランスのよい食事の基本です。また、緊張感の高まる日々の中で、食事はリラックスできる貴重な時間です。ホッとしたり気分が上向いたりするような、受験生の好きなメニューを選んであげることにも留意するとよいでしょう。

感染症予防のポイント

1. 手洗い・うがい、マスクの着用を励行する
2. インフルエンザの予防接種を受ける
3. 室内の温度・湿度を適度に保つ

食事のポイント

1. 生もの、油っこいものは避ける
2. 主食・主菜・副菜をそろえて偏りのない食事を心がける
3. 入試当日の朝食は炭水化物をしっかりとる

先輩保護者アンケート

Q 入試直前の食事で気をつけたことは？

◆生ものは食べない。いつも通りの食事をする（特別感を出さない）ようにしました。（聖光学院）

◆パンよりお米、卵でタンパク質、バナナやヨーグルトで免疫力、これらを続けました。（世田谷学園）

◆1カ月前から野菜はスープでとるようにした。（浦和明の星女子）

◆いつも通りの食事だが、生ものや冷たいもの、刺激の強いものは避けた。（恵泉女学園）

◆食事が楽しみの1つだったので本人が食べたいものを中心に用意した。（十文字）

◆模試の時から豚汁で朝食を統一、当日も朝食をしっかりとる、冷たいものは避ける。（開智・男子）

◆温かい食べもの。消化に良いもの。アレルギーがあるので、アレルギーの出やすい食材を使わない。（安田学園・男子）

メンタルケア

入試が近づくと、受験生も保護者も不安や焦りがつのり、家庭内の雰囲気はピリピリしがち。心おだやかに受験に向かえるよう、家族みんなで協力し合いましょう。

子どもの気持ちを優先し、サポートしてあげよう

　この時期になると、受験生本人はもちろん、保護者にも不安や焦り、緊張が出てくると思います。焦りから「もっとがんばりなさい」「これでは受からない」などと言ってしまうこともあるかもしれませんが、こうした言葉は受験生を追いつめてしまいます。感情的に発言しそうになったらひと呼吸おいて、「あなたならもう少しできると思うよ」「間違えたらその理由を考えよう。間違いは必ず次につながるから」と、本人の立場に立った言葉をかけてあげましょう。言葉を選び、言い方を変えるだけで受験生の気持ちも楽になるはずです。

　時には「受験が終わったら家族で旅行しようね」「中学校の生活楽しみだね」など、受験終了後の話をしてみてもいいでしょう。きっと受験生のモチベーションアップにつながります。

　受験生だからといって、学習だけでは効率も上がりません。適度に休憩時間を設け、その時間には子どもが一番リラックスできることをさせて、静かに見守ってあげることも大切です。

保護者もストレスをためないよう息抜きを

　子どもは保護者のネガティブな感情を敏感に感じとってしまうので、保護者はできるだけ弱気な様子を見せないようにしたいものです。ストレスをためこまず、受験生の前ではいつも笑顔でいられるように、子どもが学校や塾へ行っている間などに、保護者も息抜きの時間を作るようにすると良いでしょう。

　不安な時には夫婦で話をしたり、祖父母に聞いてもらったりして、一人で思いつめないようにしてください。

　入試直前は体力的にも精神的にもハードです。お互いを思いやり、家族で協力し合って乗り切りましょう。

メンタルケアのポイント

1. 発言が感情的にならないように気をつける
2. 受験終了後や、中学入学後の話などをしてモチベーションアップ
3. がまんせず、適度に息抜きをすることも大切
4. 何事もマイナスに捉えず、前向きに考える
5. 家族みんなで協力する

●男子校、●女子校、◐共学校、■公立中高一貫校
（ ）内の学校名は進学先です。共学のみ、子どもの性別を記載。
コメントの内容は進学先のこととは限りません。

Q メンタルケア法・リラックス法は？

受験生

◆勉強のあい間にバドミントンや縄とびで気分転換した。（浅野）

◆温泉の素を使ってお風呂に入ること。（鎌倉学園）

◆ぬいぐるみやクッションでリラックスしていました。（桐朋）

◆本やマンガを読んで少し勉強と違うことをしてリラックスさせた。（日本大学豊山）

◆よく眠る。（函館ラ・サール）

◆塾の先生と話す！（立教池袋）

◆志望校のパンフレットなどを見て、受験後の楽しいことを考えるようにした。（立教池袋）

◆早い時間からいつもより長く眠る。（跡見学園）

◆心配している時間をできるだけ無くするように何か（漢字とか）作業をした。（浦和明の星女子）

◆ピアノを弾く。（鎌倉女学院）

◆バドミントン、卓球などスポーツを少ししました。好きな食べものを食べました。（実践女子学園）

◆塾の友達とのおしゃべり。（品川女子学院）

◆好きなだけ遊ぶ（1日限り）。（品川女子学院）

◆読書。過去問の見直し。（頌栄女子学院）

◆小学校での生活がリラックスにつながっていた。（女子学院）

◆成績が良かったときのテスト結果を眺める。（豊島岡女子学園）

◆先生や家族からの応援メッセージを見た。「今まで頑張ったから大丈夫だ！」と前向きにとらえた。（日本女子大学附属）

◆本を読んですこしサボってみた。落書きをしたり、1回心も無にしてみた。（日本女子大学附属）

◆空や周りの景色を見てリラックスをした。お守りなどに「願かけ」をした。（開智・女子）

◆塾の友人の頑張りを思い出し励みにしていた。（東邦大学付属東邦・男子）

◆塾の先生に、良い所をさりげなくほめていただいていました。飼い猫になぐさめてもらっていた。（日本大学藤沢・男子）

保護者

◆ショッピング。（学習院）

◆すでに受験を終えた先輩ママさんに話を聞いてもらいはげましてもらった。（芝）

◆仕事が気晴らしになった。（逗子開成）

◆好きな俳優のドラマを見て元気を出した。（世田谷学園）

◆塾の先生に相談する。娘（中学受験経験者）に話を聞いてもらう。一人っきりになりカフェでお茶をのむ、など。（立教池袋）

◆ハマっているアニメの主題歌を親子で歌ってリラックスした（入試に向かう時も！）。（大妻中野）

◆他学年のママ友とランチ、お茶をして、スッキリしていました。（共立女子）

◆お風呂に長時間つかる。（白百合学園）

◆寝る前にみんなで足裏マッサージとかをしてリラックスした。（東京女学館）

◆子どもの良い所をあげ、こんな良い子に育ったのだから、ぜいたくを望むのは止めよう、と自分に言い聞かせる。神様のおぼしめしと受け入れる覚悟を決め、高カロリーの甘いものを食べた。（日本大学藤沢・男子）

◆塾の先生と電話で話す。（三田国際学園・男子）

◆散歩をする。（※千葉市立稲毛国際・女子）

◆本人の力を信じた。（男子）

※千葉市立稲毛国際…2022年に千葉市立稲毛高等学校附属から校名変更、中等教育学校に改組予定。

先輩保護者アンケート

Q 受験生活をポジティブに乗り切るための「わが家のヒケツ」や「モットー」は？

◆やるべきことをコツコツと。（●浅野）

◆根を詰め過ぎないよう、息抜きさせることも大切と思います。（●麻布）

◆いつも通り。（●駒場東邦）

◆「すごいね」「頑張っているね」とポジティブな声かけを続けた。（●芝）

◆計画を立て、その通りにやることを心がけた。終わった後のやりたいこと、行きたいところの話をした。（●逗子開成）

◆試験を終えたとき「おつかレンコン」と言って笑わせ、リラックスさせること。（●高輪）

◆「諦めない」「笑顔と深呼吸」「悔いを残さない」「伸びしろしかない」「ずっと続く訳ではない！」（●本郷）

◆「どうせやるなら楽しむ！」。これが、わが家のモットーです。

◆受験はとても苦しいけど、最後、笑うために頑張ろうと、常々言っていました。（●立教池袋）

◆受験は必ず終わりがくるからそれまでがんばろうと話した。（●跡見学園）

◆健康第一!! 過ぎた事は考えず前進あるのみ!!（●江戸川女子）

◆受験から離れる時間を持つよう声かけしました。（●鷗友学園女子）

◆早寝早起き。（●鎌倉女学院）

◆幸せになれる学校と「ご縁」があるはず!!と信じる。（●共立女子）

◆これだけやったから自分は絶対受かると2月1日に思えるように、今がんばろう。（●恵泉女学園）

◆合格したら、あれをしよう、ここに行こうなど、楽しい話をたくさんしました。（●品川女子学院）

◆○○ちゃんが落ちるならみんな落ちる、やるだけやったから大丈夫!!（●十文字）

◆中学受験の合否が全てじゃない。人生はこれからだから理想の自分になれるよう、今はやれるだけがんばったら良い。受験の合否で追い詰めないように声をかけていた。（●昭和女子大学附属昭和）

◆常にほめる。模試で悪い教科があっても「ここはできるようになったね」と前向きにとらえさせる。（●白百合学園）

◆受験勉強以外の活動（学校での表彰、困っている人に親切にしたことなど）にも目を向けて話題にした。（●豊島岡女子学園）

◆『進学レーダー』の先輩保護者のアンケートにあった「当日解ければいい」という言葉をモットーに、間違えたりできなくても「今でよかった」と思うようにした。（●豊島岡女子学園）

◆なるようになる！（●横浜雙葉）

◆芸人の「やればできる！」という言葉をマネてよく言っていた。（◐中央大学附属・男子）

◆積極的に声をかけ、会話をして、孤立感を感じさせない。（●●桐光学園・女子）

◆深刻にならない。（◐東邦大学付属東邦・男子）

◆早寝早起きしっかり食事。（◐日本大学・女子）

◆規則正しく生活し勉強時間は長くなりすぎないようにしました。（◐明治大学付属明治・女子）

◆目の前の問題の中に入り込む、集中することを子どもに伝えた。（◐明治大学付属明治・女子）

◆勝っておごらず、負けてくさらず。（■◐神奈川県立相模原・男子）

◆とにかく健康第一。家族全員が健康に気をつける。（男子）

●男子校、●女子校、◐共学校、■公立中高一貫校
（ ）内の学校名は進学先です。共学のみ、子どもの性別を記載。
コメントの内容は進学先のこととは限りません。

合格の極意

5

まだ伸びる! 追い込み学習法

入試本番まであと90日。「もう成績アップなんて……」とあきらめていませんか?
受験生の力は、今からが最も伸びる時期。
直前のこの時期に効果的な学習法をご紹介しましょう。

目次

合格の極意
5
直前学習法

過去問対策と弱点補強で得点力アップをめざす！

入試本番まで3カ月。志望校もほぼ決まり、すでに過去問にも取り組み始めていることでしょう。でもまだ思うように解けず、「このままじゃまずい！」と感じている受験生も多いと思います。焦らず対策をしていきましょう。

過去問に取り組むことで、志望校の出題傾向を知ることができるのはもちろん、解いたあとのふり返りにより、いま自分に足りないものは何か、これからどういった対策をすればいいのかといった課題を発見することができます。ただ解いて終わりにせず、ふり返りで課題を見つけてその克服方法を考える。これを実行すれば、得点力もグンと伸びていきます。

過去問とともに取り組みたいの

先輩保護者アンケート

Q 11月以降、成績（偏差値）に変動はあった？

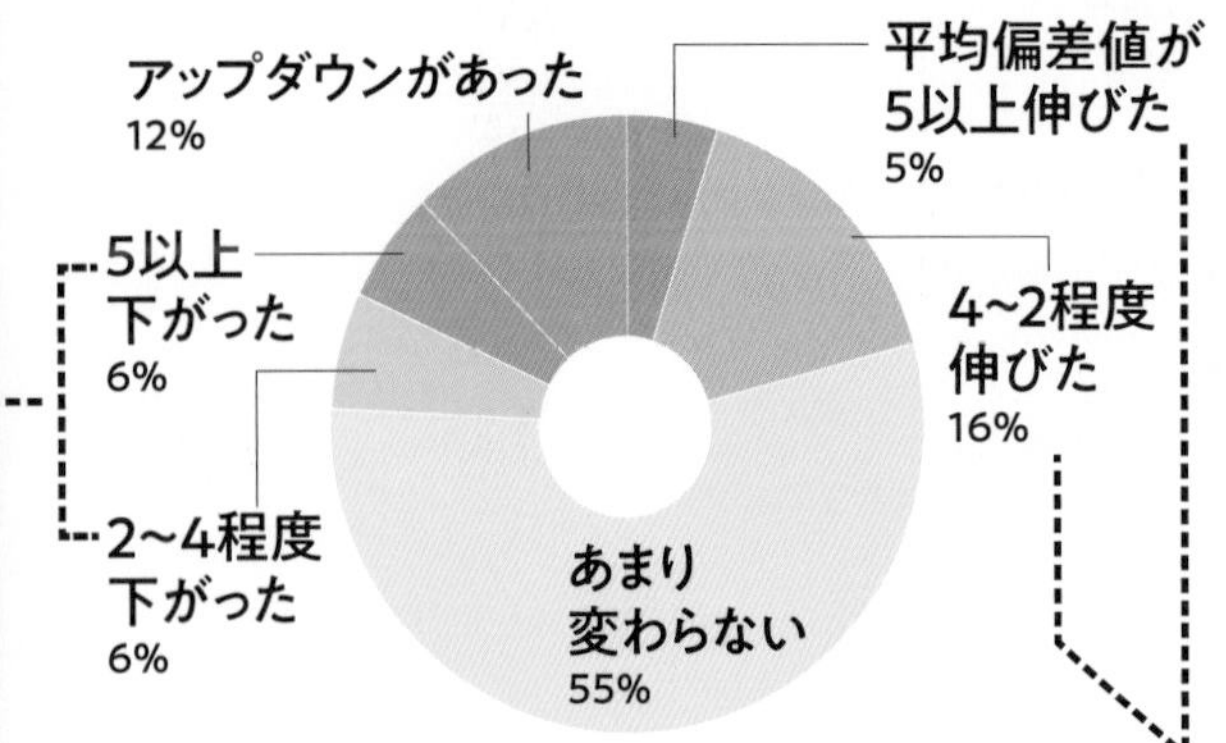
平均偏差値が5以上伸びた 5%
4~2程度伸びた 16%
あまり変わらない 55%
2~4程度下がった 6%
5以上下がった 6%
アップダウンがあった 12%

Q 成績アップはどうして？

◆コツコツがんばった知識が、点と点だったものがつながってきたのだと思う。夏休みの時はキャパオーバーだったが、学習のリズムが整ってきた。（●世田谷学園）

◆あきらめることなく、コツコツ勉強した成果ではないかと思います。（●函館ラ・サール）

◆過去問をやり始めてから、本人が自分で計画をたてて、自立して取り組むようになった。自覚がでてきたと思う。（●東京女学館）

◆理科の知識が定着したためだと思います。（●豊島岡女子学園）

◆夏以降、算数のみ家庭教師をお願いした。あいまいに理解してそうなところを固め、過去問の解説・演習をしてもらったことで算数は伸びた。（●日本女子大学附属）

◆過去問で問題の傾向がつかめた。塾の問題集をくり返し解いた。（◐開智・男子）

◆ひたすら基本的なことをくり返した。過去問をずっとやった。（◐東京電機大学・男子）

◆地道に進めてきたことが実ってきた。得意科目がさらにのびた。（男子）

1点でもアップ！

●男子校、●女子校、◐共学校
（ ）内の学校名は進学先です。共学のみ、子どもの性別を記載。
コメントの内容は進学先のこととは限りません。

が弱点補強です。難問を解けるようになる必要はありませんが、多くの受験生が解けるような基本問題で落とさないよう、基礎の確認をしておきたいもの。科目ごとの対策は54ページから紹介します。

冬休み以降の学習では、自分の力を余さず得点に結びつける「合格力」を磨いていきます。それには、「手応え採点」などが有効です。〝自信があったのに×〟または〝自信がなかったけれど○〟という「自分の手応えとは異なる結果になった問題」には大きな伸びしろが隠れています。こういった方法を取り入れて、最後の最後まで「1点でも多く」をめざしましょう。

冬期講習では、演習をとおして全体のふり返りを行います。主に分野ごとに絞った学習となるので、苦手の克服や志望校の頻出分野対策になります。また長時間塾にいる講習中に、苦手部分についての質問や、過去問のふり返りを見てもらうなど、積極的に先生とやりとりするといいでしょう。自習室を利用すれば、すぐに質問でき、学習にも集中できます。

Q 成績ダウンでどうした？

◆苦手科目がはっきりしていたため、教科担当の先生に相談して残り1カ月でやるべきことを明確にした。（●浅野）

◆偏差値はあまり気にせず、志望校の過去問対策に集中しました。（●海城）

◆問題との相性などによりアップダウンはするものと割りきる。直前に気持ちがダウンしてもしょうがない。前向きに当日を迎えることが大事！（●開成）

◆基礎を丁寧にやって穴をひたすら埋める作業をした。それによって1月に伸びたと思う。（●芝）

◆とにかく基礎をもう一度見直した。（●城北）

◆塾の先生に相談し、とにかく言われたことをやった。（●立教池袋）

◆塾の算数の先生に相談し、どのようにすればよいかアドバイスを求めた。過去問の解き方など一つひとつていねいに指導していただきました。（●立教池袋）

◆過去問をやりながら苦手部分を見直した。（●跡見学園）

◆10月が最高で、その後徐々に下がり12月最終の模試は10以上下がったが、「難度・分野別テスト」などの結果は悪くなかったのでそれをはげみにした。（●共立女子）

◆志望校の過去問をくり返し解き、弱点を克服することに努めた。（●共立女子）

◆大事なことは過去問を解くことだと言いきかせ、解きまくった。（●香蘭女学校）

◆苦手なところを個別指導でやってもらった。（●品川女子学院）

◆苦手科目を中心に復習した。（●十文字）

◆成績は目安として、志望校の対策に注力した。（●白百合学園）

◆個別指導も活用し過去問を解くことにシフトした。模試の結果に一喜一憂していたので考えないことにした。（●清泉女学院）

◆国語は過去問をやるようになってからなぜか模試の結果は悪くなってしまった。過去問が取れていれば気にしないようにした。（●日本女子大学附属）

◆得意科目を更に強化した。（●立教女学院）

◆過去問の正答率は上がってきていたので、模試の偏差値は気にせず、抜けている単元をさがすためのものとしてとらえていました。（●立教女学院）

◆ミスをしない。わからない所を先生にきく。苦手分野をくり返しやる。（●開智・女子）

◆入試前に偏差値が上がるとその結果で油断していたかもしれないと受け止め、出来ないことに気づけてよかったと親子で再確認した。苦手科目中心に積極的に取り組んだ。（●東邦大学付属東邦・男子）

国語

これで弱点克服

読解技術、解答技術が身についているか確認

国語の読解問題では、素材文のジャンルによって苦手なものがあるという人も多いようです。しかし受験生は、文章ジャンルに関わらず、読解技術、解答技術はこれまでに学んできています。

文章を読みながら大事だと思う箇所に線を引く時は、「なぜそこに線を引いたのか」の根拠を明確にする、選択肢問題では、「何がどのような構成で書かれているか」を押さえてから選択肢文にとりかかるなど、学んできたことを使いこなせているかどうかが、国語力のポイントとなります。

苦手克服のためにまず、テキストの、読解・解答技術について要点をまとめた部分を読み返しましょう。その後、読解・解答技術を意識しながら問題演習に取り組むと、自分の理解不十分な部分がわかってくるでしょう。

国語の場合、同じ年度の過去問を何度もくり返す必要はありません。1回でいいのでじっくり取り組み、ふり返って課題を見つけ、別の年度に取り組む際に課題が克服できているかを確かめるなど、目的を明確にして進めましょう。

過去問に限らず、「自分はどう考えて答えを出したのか」をふり返り、間違えた場合は、「どこをどのように間違えたのか」を、解説を見るなどしてふり返ることが大切です。特に自分では正解だと思った問題が不正解の場合は必ずふり返りを。わからない時は塾の先生に聞いて、きちんと理解しておきましょう。

なお漢字や語句なども、過去問や演習に取り組む中で確認したり、すきま時間を利用して目を通したりしておくと良いでしょう。

国語が苦手

やって良かった！

◆記述問題を空欄にしない練習（部分点を取りにいく）。（●学習院）

◆漢字、語句。（●聖光学院）

◆漢字、語句、記述。（●世田谷学園）

◆漢字・語句を毎日少しでもやって良かった。（●桐朋）

◆漢字の小テストの復習。（●跡見学園）

◆できなかった漢字を全部まとめて何度もやり直した。（●鷗友学園女子）

◆女子校は文章読解が多いのでたくさん問題を解いた。（●昭和女子大学附属昭和）

◆塾の個別にて、記述をこまかく指導いただいた。「この気持ちを表すときは、どういう言葉で表しているか」のバリエーションを本人が理解してから、記述がかなり伸びました。（●立教女学院）

◆親子で文章読解の問題を一緒にやった。（●西武学園文理・女子）

◆志望校では「天声人語」が必ず出ていたので、その部分の過去問を6年分解いた。（◐東京都市大学等々力・男子）

◆市販の語句の問題集をやった。（◐日本大学・女子）

◆国語の読解は長い文章をスピーディに読む練習をしました。（◐明治大学付属明治・女子）

やらずに後悔…

◆国語の慣用句など。（●麻布）

◆漢字・語句の徹底。（●学習院）

◆漢字。（●東京都市大学付属）

◆「語句」が苦手なのに、あまりやらなかった。（◐開智・女子）

◆漢字・語句をもう少しやっておけば良かった。（◐明治大学付属明治・女子）

●男子校、●女子校、◐共学校
（ ）内の学校名は進学先です。共学のみ、子どもの性別を記載。
コメントの内容は進学先のこととは限りません。

算数

これで 弱点克服

避けてきた問題こそ重点的に粘り強く取り組む

　算数が苦手になってしまう要因としては、情報を読み取って知識を当てはめるなど「知識を使う力が弱い」、条件整理や解答を導くために「線を引く、図をかくなど自分で手を動かすことを面倒くさがる」、といったことなどが考えられます。

　また、じっくり考えずに投げ出してしまうような「粘り強さに欠けている」場合も、問題が少し複雑になると正解にたどりつけなくなってしまうでしょう。

　これからの時期は、弱点分野を補強しながら、「これまで得てきた知識を自在に使えるようにする」「粘り強さを身につける」ことがポイントとなります。

　まずは自分の弱点分野をはっきりと理解しましょう。出題範囲が幅広い公開模試の結果や、志望校の過去問から得た出題傾向・形式と照らし合わせて判断するのが効果的です。また、「こういう問題が出ると嫌だな」と思う問題こそ自分の弱点分野。逃げることなく向き合いましょう。

　弱点の補強は、その分野を理解する基礎となる考え方を学び直したり、いわゆる典型問題に数多く取り組んだりするといいでしょう。過去問の取り組みでも同じですが、正解を出すことだけを目的とせずに、「自分はどの考え方を使ったのか」を思い起こしながら取り組んだり、見直したりすることがとても大事です。

　そして、「何が、どこから」わからないのかが見えてきたら、そのままにしておかないこと。わからないことがあれば、塾の先生に積極的に質問して、納得のいくまで取り組んでおきましょう。

先輩保護者アンケート

算数が苦手

やって良かった!

◆過去問、日々の計算。（●鎌倉学園）

◆第1志望の学校が難度の高い図形問題の出る学校だったのでとにかく図形問題をやった。（●芝）

◆「図形」を継続してやった。慣れにより苦手意識はなくなったようだった。（●逗子開成）

◆計算と漢字。（●本郷）

◆計算は毎日こつこつやったので本番にいかされた。（●江戸川女子）

◆基礎計算問題。（●大妻中野）

◆漢字と計算は毎日続けた。第1志望校の算数の過去問をさかのぼってやっていった。（●共立女子）

◆塾の先生に言われて毎週わからない問題を質問したこと。できるようになるまでくり返し解いたこと。（●豊島岡女子学園）

やらずに後悔…

◆「図形」は慣れが必要だと思う。毎日1問でも触れて図形の勘をつかめるようにした。（●日本女子大学附属）

◆あまり難しいものには手を出さず基礎をしっかりやるようにしました。（●日本大学・男子）

◆漢字、計算、志望校の算数一行題。（●日本大学藤沢・男子）

◆算数の計算問題を最後まで練習したこと。（●安田学園・男子）

◆計算、頻出問題。（●高輪）

◆「図形」は苦手意識をもったまま終わってしまいました。もっとたくさん類似問題をやればよかったです。（●日本大学豊山）

◆わからなかった問題を、完全に理解できるまでふり返りをしなかったこと。（●頌栄女子学院）

◆計算の工夫をすることがずっと苦手で、身につけられなかったこと。（●立教女学院）

社会科

これで　弱点克服

「つながり」を意識し、問題文や資料からヒントを見つける

社会科が苦手という受験生は、自分の知識が不足している、と思い込んでいることが多いようです。注意深く読めば問題文や資料にヒントがあるのに、知識がないからと、あきらめてしまうのです。

まずは、もっている知識をより確実にしましょう。演習を重ねて知識の定着を確認し曖昧さをなくすことで、モチベーションはアップします。

さらに、知識と知識につながりをもたせ、わからない問題が出ても焦らず関連項目を連想できるように学んでいきましょう。

問題文を読む時にはキーワードになるものを探すこと、表やグラフ、図や写真など資料が示されている場合は、どこに着目するかを見極めることがポイントです。

社会科には、地理・歴史・公民の3分野と、それらを横断する時事問題とがあります。特に得点アップに結びつけやすいのは、知識で理解できる内容が多い地理分野です。地理の知識には、地名や山脈など今後もほぼ不変の〝古典的な地理〟と、貿易額や生産量の変化など〝現代社会的地理〟があります。自分が不十分だと感じる部分を重点的に学習することが大切です。

歴史分野は通史で出題されることが多いため、時代や人物などを単独ではなく、「いつ、どこで、誰が、なぜ、何をした・何が起こった」というようにつながりを意識しながら理解を。特に「なぜ（原因）―何が起こった（結果）」は流れで理解しましょう。

公民分野は時事問題とのつながりで出題されることが多いです。日頃からニュースや新聞を見ておくと良いでしょう。

社会科が苦手

やって良かった！

◆第1、第2志望校（→記述問題のある学校）の出題傾向に似ている学校の過去問をとにかくたくさん解いた。それによって断片的だった知識が線になってつながったように思う。（●浅野）

◆問題集を1冊しっかりやった。（●高輪）

◆政治分野は塾の冬期講習テキストをくり返しやった。最後は親が間違った所だけをまとめたプリントをつくって、空き時間にやった。（●恵泉女学園）

◆歴史を重点的に対策。『メモリーチェック』にかきこみをした。（●女子学院）

◆歴史は、年号暗記だけでなく、順番や因果関係を覚えたこと。（●豊島岡女子学園）

◆『メモリーチェック』と第1・第2志望の過去問だけにしぼってくり返した。（●横浜雙葉）

◆理・社は『メモリーチェック』をくり返し解き、基礎固めを徹底しました。（◐三田国際学園・男子）

◆歴史の年表を作成し、時系列にまとめたこと。（◐明治大学付属明治・女子）

やらずに後悔…

◆政治・公民分野や時事問題。（●学習院）

◆地理の漢字を練習しなかったこと。（●鷗友学園女子）

◆基本の定着が中途半端なままでした。（●共立女子）

◆政治分野は「面白くない」と最後まで身が入らず、『メモリーチェック』を覚えきることができなかった。しっかり学べば確実な得点源になるので、もったいなかった。（●日本女子大学附属）

●男子校、●女子校、◐共学校、■公立中高一貫校
（　）内の学校名は進学先です。共学のみ、子どもの性別を記載。
コメントの内容は進学先のこととは限りません。

理科

これで 弱点克服

知識と知識を、つなげて考えられるように

理科が苦手という受験生は、「基本となる知識が足りていない」、もしくは「知識はもっていても使いこなせていない」ことが多いようです。「使いこなせていない」とは、知識の理解が単独になっていて、知識と知識をつなげることができていないということです。

そのため、基本問題はできても発展問題に弱く、たとえば「Aと同じものはBである」ことは理解できるのに、「BはAかCか」などと視点を変えて問われると、わからなくなってしまうのです。

対策としては、まずは基本問題を解き、同じテーマについて別の問われ方をしている類題や周辺知識を問う問題にも取り組み、要点を押さえながら知識を関連づけられるようにしていきましょう。

理科には物理・化学・生物・地学の4分野があり、分野・単元で得意・不得意の差が大きいため、自分の弱点を見極め重点的に補強すれば学力アップが期待できます。

苦手分野・単元を見極めるために、知識のつながりを意識しながら、全分野まとめ直してみてもいいでしょう。不安だったりあやふやだったりするところがあれば、そこが苦手になった原因を突き止め、解決していきます。

苦手の原因が、単に知識が足りないのか、個々の知識の関連づけが弱いためなのかなどを、見極めることが重要です。あるいは、問題文に提示された条件の整理や、表やグラフの読み取りや規則性の把握といったことが弱点の背後にある可能性もあります。原因を分析し、それに合わせた学習プランを立てて苦手を克服していきましょう。

理科が苦手

やって良かった！

◆生物、天体など知識系の多い分野が苦手でしたが、後半集中して取り組みました。（●ラ・サール）

◆基礎を徹底的に覚え直した。（●浦和明の星女子）

◆塾の先生から頂いたプリント問題。（●鎌倉女学院）

◆「水溶液」は第2志望の重要単元だったので、基本から見直しました。（●共立女子）

◆市販の仕上げ問題集。（●白百合学園）

◆覚えるものは何度も見る。練習問題をたくさん解いてコツをつかむ。（●洗足学園）

◆『メモリーチェック』。（●中央大学附属・男子）

◆基本的なことをずっと何回もくり返してやった。『メモリーチェック』は何度もやった。（●東京電機大学・男子）

◆基本問題をくり返し解いた。（●星野学園・女子）

◆理科の先生のテスト対策プリントをしたのがよかった。（●明治大学付属明治・女子）

◆『メモリーチェック』を3回やったこと。（■●神奈川県立相模原・男子）

やらずに後悔…

◆地理、理科の知識系（『メモリーチェック』）は夏に1回やっただけでツメが甘い仕上がりになってしまった）。（●本郷）

◆もっと幅広くやっておけば良かった。（●江戸川女子）

◆応用問題をもっと解くこと。（●洗足学園）

◆理科と社会の記述練習をもう少しちゃんとすれば良かった。（●安田学園・男子）

先輩保護者アンケート

Q 得意科目だからこそ気をつけたこと

国語

◆漢字のとめ、はね等を気をつけて書いた。（●城北）

◆国語は、時間配分などテストの慣れがあるので、得意でも一定のペースで取り組んだ。（●女子学院）

◆漢字や語句などの基本は毎日くり返した。（●東京女学館）

◆文章の読み間違いに注意した。（●三輪田学園）

◆基礎問題をしっかりやった。（◐日本大学・女子）

◆読書は続けた。（◐明治大学付属明治・女子）

◆漢字や語句の知識を確実にした。（■◐千葉市立稲毛国際※・女子）

算数

◆塾で配られた一行題の冊子は毎日必ずやった。間違えたところはチェックしておいて後日もう一度解き直した。（●浅野）

◆計算ミスがないよう、正確に、より速く出来るよう心掛けた。（●ラ・サール）

◆計算ミスをしないように丁寧に途中式を書いて解いていくこと。（●鷗友学園女子）

◆基礎問題を必ず解けるように日々計算問題を解いていきました。（●日本女子大学附属）

◆毎日の計算練習を欠かさないこと。（◐桐光学園・女子）

◆計算問題は直前まで取り組んで、ミスをしないよう気をつけさせました。（◐三田国際学園・男子）

社会科

◆知識系は忘れないように少しでも毎日やった。（●逗子開成）

◆歴史は得意だが地理がいまひとつで、本番は分野を組み合わせて出題されるため、歴史でも「どの地域か」を意識させた。模試で間違った箇所を『メモリーチェック』に書いて、『メモリーチェック（完全版）』をめざした。（●本郷）

◆新聞に必ず目を通した。（●武蔵）

◆くり返し『メモリーチェック』などで確認する。基本を忘れない。（●立教池袋）

◆時事問題も「子ども新聞」などで確認し記述に対応できるようにした。（●白百合学園）

◆漢字ミスはもったいないので、正確に覚えた。授業中に先生が話す「豆知識」的な話もできるだけ頭に入れた。（◐開智・女子）

◆地理の基本をよく覚える（各都道府県の特徴など）。（◐日本大学藤沢・男子）

理科

◆文章の読み間違いをしないように、正誤文に線引きすること。（●世田谷学園）

◆女子に苦手が多いバネ・テコ・かっ車等まできちんとやった。（●淑徳与野）

◆『メモリーチェック』を徹底してやった。（◐明治大学付属明治・女子）

科目を問わず

◆漢字で失点しない。（●鎌倉学園）

◆字をしっかり書く。（●高輪）

◆落ち着いて解く、再度確認する、誤字をなくす。（●早稲田）

◆得意な単元は楽しく解けるので、行き詰まったときにやった。得意でも離れると忘れてしまうので定期的に基礎問題からやった方が良いと思った。（●日本女子大学附属）

◆文章をよく読む。得意科目はわかっているからと思って問題をよく読まなくなったので。（◐東京電機大学・男子）

◆基本をしっかりやる（見直し）。（■◐神奈川県立相模原・男子）

●男子校、●女子校、◐共学校、■公立中高一貫校
（　）内の学校名は進学先です。共学のみ、子どもの性別を記載。
コメントの内容は進学先のこととは限りません。

※千葉市立稲毛国際…2022年に千葉市立稲毛高等学校附属から校名変更、中等教育学校に改組予定。

合格の極意

6

入試前日から入学手続きまでの行動シミュレーション

さあ、いよいよ入試本番です。入試前日から入学手続きまでに何をし、
誰がどう動くのか。起こり得るトラブルも予想しながら、
具体的なイメージをもってシミュレーションしておくことが成功の秘訣です。

目次

合格の極意 6

入試前日から入学手続きまでの行動を把握しよう

いよいよ入試スタート。シミュレーションして心の準備を

年が明けると、1月10日ごろから入試が始まります。第1志望校の入試は2月という受験生でも、多くの人は1月に試し受験をすることと思います。もちろん、埼玉や千葉の学校が第1志望の受験生にとってはいよいよ本番、緊張も高まります。

入試期間中は、どんな動きになるのか、どんなことが起こり得るのか、まずはここで誌上シミュレーションをして、心の準備をしておきましょう。

なお、試し受験終了後から第1志望校入試までの過ごし方のポイントもあげましたので、合わせて参考にしてください。

入試準備 チェックリスト

入試2週間前

- □ **スケジュール表**は作成した?
- □ **入試費用**の計算&準備は?
- □ 入試当日の**持ち物**は準備した?
- □ 受験校への**交通ルート**(複数)は確認した?
- □ **小学校**に入試日の**欠席**は伝えた?
- □ **ピンチヒッター**(祖父母など)に予定を伝えた?
- □ 不合格続きの場合の**対応策**も考えた?

午後入試を受ける場合

- □ 午前校→午後校の**移動ルート**は調べた?
- □ **昼食をとる場所**は考えた?

面接・実技がある場合

- □ 面接・実技用の**服装**は準備した?

●男子校、●女子校
( )内の学校名は進学先です。
コメントの内容は進学先のこととは限りません。

試し受験終了後

いまや、ほとんどの受験生が経験する、試し受験。「実際の入試の合否ラインを知る」「本番の前に合格をつくる」など目的はさまざまですが、一番のメリットは、「第1志望校の前に、実際の入試を体験できる」こと。試し受験後は、第1志望校に向けて、行動・学習の改善を。

- 朝からの行動をふり返り、改善点を考える
- 「得点開示」をしてくれる学校の通知を確認する
- 改善すべきことのうち、準備しておけることがあれば早めに対処
- 朝からの行動、試験中の対応をふり返り、改善点を考える
- 再現答案をつくり、ふり返りをする
- 第1志望校に向けて、学習にさらに気合を入れる

いよいよ

明日は本番入試前日！

←

試し受験後　改善箇所チェックリスト

受験生

- □ 朝起きる時間は適切だった？
- □ 服装は適切だった？
- □ 持ち物に不備はなかった？
- □ 科目ごとに気持ちの切り替えはうまくできた？
- □ 緊張した場合の対応策は考えた？
- □ 入試会場で困ったことはあった？
- □ 入試問題の解答戦略はうまくいった？

保護者

- □ 朝起きる時間は適切だった？
- □ 服装は適切だった？
- □ 持ち物に不備はなかった？
- □ 朝食・お弁当のメニューや量は適切だった？
- □ メンタル面でのフォローはできた？（移動中の会話、声かけなど）
- □ 体調面でのフォローはできた？（薬の準備、駅のトイレの場所など）

先輩保護者アンケート

Q 試し受験を受けて、次に生かせたことは？

◆理社の知識の穴に気付けた。（●本郷）

◆起きる時間の調整（電車が遅れたら、と思い早めに出たが、試験会場の外で待つ時間が長くなりすぎた）。（●桜蔭）

◆コロナ感染予防対策の参考にできた（昼食場所、保護者の待機場所、送迎、午前・午後の移動）。（●共立女子）

◆持ち物の準備に前日1時間以上かかってしまいました。2月はセットにして用意しておき、スムーズにできました。（●共立女子）

◆時計を出かける前につけようと机に置いていたら当日忘れたので、前日にカバンに入れておくようにした。（●豊島岡女子学園）

◆同日に午前・午後各4科目の入試をすることが体力的・精神的に大丈夫かわかった。（男子）

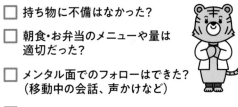

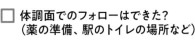

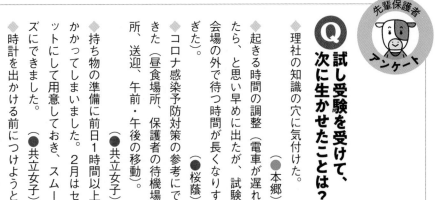

入試前日

入試当日の朝は慌ただしくなります。前日のうちに、受験生・保護者それぞれの持ち物を準備し、チェックをしておきましょう。保護者は翌日の天気や交通ルートの確認も忘れずに。

受験生は、学習も無理をせず、早めに寝て翌日に備えましょう。

- 当日の持ち物・服装を用意し、確認する
- 当日の天気を調べておく
- 学校までのルートをもう一度、確認する
- 保護者や家族のトラブルを想定し、助っ人を頼んでおいた人に確認の連絡

当日の動きを家族全員で確認、シミュレーションしてみる

持ち物 チェックリスト 保護者

学校に行くまでに必要			学校内控え室であると便利		あると安心！
□受験番号の控え	□学校の連絡先	□入試要項（当日の諸注意）	□ひざかけなどの防寒具	□上履き（外履きを入れる袋など）	□モバイルバッテリー
□入試当日の行動予定表	□交通機関のICカード、おさいふ	□携帯電話	□ノート、ペンなどの筆記用具	□本・雑誌	□下痢止めなど常備薬
□マスク・カイロ・マフラーなど	□地図、鉄道路線マップ	□腕時計 ＊子どもが忘れたときに貸せる	□願書のコピーなど	□飲み物・あめなど	□折りたためる大きな袋 ＊上着など荷物をまとめる

※各学校の持ち込み禁止物は、入試要項などで必ずご確認ください。

先輩保護者アンケート

Q 入試前日はどう過ごした？

◆過去問の見直しをして、出題形式の確認をした。ルーティン化していた漢字、算数の一行題はいつも通りやった。（●浅野）

◆本人にどう過ごしたいかを聞き完全にまかせた。ゲームをしていた。最後はメンタルだと思うので「あの時こう過ごしたかったのに…」と悔やまないように本人に任せてよかったと思う。（●芝）

◆過去問を解いたらうまくいかず自信喪失。大失敗でした。（●本郷）

◆いつも通り。早く寝るようにした。（●桜蔭）

◆弱点対策ノートをチェックし、昼寝、散歩、テレビを見るなどして過ごした。（●共立女子）

◆当日の朝起きてから学校に到着するまでのシミュレーションを親子でしました。勉強はせず、持ち物確認をして早めに身体を休めま

●男子校、●女子校、●共学校、■公立中高一貫校
（ ）内の学校名は進学先です。共学のみ、子どもの性別を記載。
コメントの内容は進学先のこととは限りません。

●当日の持ち物・服装を用意し、確認する

●自分が安心できる過ごし方をする
・まとめノートでさらっとふり返り
・テレビを見るなどして、リラックス

●早めに寝る

緊張してなかなか眠れなかったけど、「一晩くらい寝なくても大丈夫」ってお母さんに言われたら、安心できて、眠れたよ

●朝食・お弁当の下準備

前日の夜に、豚汁の下ごしらえをしておいたので、当日の朝がラクでした！

就寝

持ち物 チェックリスト 受験生

試験・教室で必要			こちらも忘れずに	休み時間に…	あると安心！
□受験票	□腕時計 ＊電池も確認	□上履き	□ハンカチ・ティッシュ	□お弁当	□愛着のあるテキスト・ノート
□鉛筆（8～10本） ＊輪ゴムをかけると転がらない	□消しゴム（2～3個） ＊輪ゴムをかけると転がらない	□シャープペンシル（替え芯も）	□マスク・カイロ・マフラーなど	□飲み物	□お守り □携帯電話
□鉛筆削り	□定規・コンパス・下敷き ＊持ち込み・使用不可の場合も	□厚紙 ＊机がガタガタしたときのため	□子ども用交通機関のICカード、おさいふ	□チョコ・小さいおにぎりなど ＊持ち込み不可の場合も	□生理用品など

※各学校の持ち込み禁止物は、入試要項などで必ずご確認ください。

した。（●豊島岡女子学園）

◆入試前々日に娘は「もう何もできない！」と泣きだし何も手につかなくなりました。ゆっくり本を読み前泊のホテルでのんびり過ごし、2日間ノートすら見ず受験しました。（●日本女子大学附属）

◆塾の授業はなかったが、先生たちは質問など対応してくれたため、本人の希望で朝から塾に行きました。塾メイトと楽しく過ごせて良かったようです。（●立教女学院）

◆国語は漢字、算数は以前間違えた問題を確認など、4科目を軽く見直ししていた。（●東京都市大学等々力・男子）

◆日常通り。特別なことはしない。非日常は、逆に緊張させてしまう。（●●桐光学園・女子）

◆持ち物の点検、交通ルートの確認、苦手科目の再点検。（●東邦大学付属東邦・男子）

◆勉強の内容は新しい問題ではなく過去に解いたものだけにしました。（●明治大学付属明治・女子）

◆過去問を見直し、早めに休んだ。（■●千葉市立稲毛国際※・女子）

※千葉市立稲毛国際…2022年に千葉市立稲毛高等学校附属から校名変更、中等教育学校に改組予定。

入試当日 朝

当日の朝は早めに起床。天候が悪いなら予定よりもさらに1時間ほど前倒しで行動を。

家を出る前にもう一度、親子で持ち物とスケジュールの最終確認をしたら、出発です。

家を出てから学校までの道中でトラブルが発生するかもしれませんが、慌てないで。落ち着いて対処すれば、試験はちゃんと受けられます。

- 保護者起床
- 天気や家族の体調などを確認
- 朝食・お弁当づくり（朝食のメニューは消化の良いものを）
- 受験生起床
- 朝食を食べる

持ち物を最終確認！

・もし忘れ物に気づいても、探すのに手間取るようならそのまま出発。途中のコンビニなどで買ってもいい

先輩保護者アンケート

Q 入試当日の朝食はどうした？

◆モチベーションが上がるように本人が食べたいものを食べた。特に消化のよいもの…などの気遣いはしなかった。（●浅野）

◆糖分を取るようにしました。（●江戸川女子）

◆身体があたたまる汁物と、本人が好きなおにぎりを食べました。（●女子学院）

◆緊張して食が細くなるので、本人が食べたいものを食べられる分だけにした。（●清泉女学院）

◆好きなもの（焼きそばパンなど）を一品加えました。（◐星野学園・女子）

◆消化にいいもの、温かいものを用意した。具だくさんみそ汁にご飯。食べ過ぎないようにした。（◐明治大学付属明治・女子）

◆軽めにとり、補食をもたせた。（■◐千葉市立稲毛国際※・女子）

雨・雪の日の持ち物 チェックリスト

- □ 雨具（かさ・レインコート・長靴）
- □ 替えの靴下
- □ タオル
- □ 防寒服
- □ 雪用ブーツ
- □ ビニール袋（大・小）

先輩保護者アンケート

Q 入試当日、「困ったこと」や「慌てたこと」は？

朝～学校到着で

◆2月1日は試し受験の時には見たこともないような緊張をしていた。やはり第1志望の入試は全然違うなと思った。（●芝）

◆カイロ（大のお気に入りのカイロ入れ）がない、と言い出して駅へ戻ろうとした。何とか学校へ向かうように説得したが、目に涙をためて無言で、もう終わったと思った。よく探したらちゃんとあって本当に良かった。（●桐朋）

◆腹痛で途中下車してトイレに寄ったこと。（●早稲田）

◆親の私がスマホ、交通ICカードを忘れた。現金でそのまま学校へ向かい会場に送り出してから自宅に取りに戻った。内心ものすごく慌てたが、「ぜんぜん平気」と何回も言った。（●跡見学園）

◆持ち物が、学校ごとに微妙に違

●男子校、●女子校、◐共学校、■公立中高一貫校
（　）内の学校名は進学先です。共学のみ、子どもの性別を記載。
コメントの内容は進学先のこととは限りません。

出発！

・電車が遅延することもあるので、時間には余裕をもって家を出る

交通ICカードは事前に余裕をもった金額をチャージしておきました
朝の電車や駅は混んでいるから、保護者とはぐれないよう気をつけて

●トラブルが起きても冷静に対処を。受験生を動揺させないように

●受験票、お弁当など、受験生が必要な物は頃合いを見て渡しておく

トラブル対処法

交通遅延

●調べておいた別の路線に乗り換える。
●携帯電話などで他の路線を調べる。
●大幅に遅れそうなときは、学校に連絡する。
●携帯電話などで学校のホームページにアクセスし、受験校の対応を調べる。
●冷静に、落ち着いて行動することが肝心。

体調不良

●緊張しやすい子、腹痛を起こしやすい子には、あらかじめ薬（眠くならないもの）を服用させておく。
●突然の腹痛や吐き気をもよおしたら、無理をせず途中下車して駅のトイレへ。
●下痢や発熱が治まらない場合は、学校に連絡を。本人の気持ちを聞き、受験希望であれば、その旨も学校に伝える。別室受験ができることも。
●女子は突然生理になることもあるので、生理用品は念のため必ず持たせておく。

忘れ物

●受験票を忘れてしまっても、申し出て、必要書類で本人確認ができれば受験可能とする学校も多い。時間をみて、取りに戻るか判断を。
●文房具を忘れてしまったときは、学校へ向かう途中のコンビニなどで買える物は購入。学校で貸してくれることもあるので、慌てないようにしよう。

う。連日のため勘違いしてしまったり、コロナのために前日の変更などもあり慌てた。（●桜蔭）

◆行きの電車内で気分が悪くなり途中下車した。朝の通勤の時間帯でそれなりに混んでいたので酔ったらしい。ホームのベンチで休憩し、ラムネ等を口にしたら落ち着いた。（●鷗友学園女子）

◆電車の中で同じ小学校の子に偶然会ってしまい、挨拶だけしたが、まさかの受験校も同じで動揺した。（●香蘭女学校）

◆当日に生理が来てしまって慌てました。本人は動じなかったものの、万一に備えておけば良かったと思いました。（●豊島岡女子学園）

◆使いなれた道だったため普段通りに出たら高速道路の入口で車両トラブルで大渋滞して試験開始ギリギリになったのでとても慌てました。（●國學院大學栃木・男子）

◆会場に着くとバタバタして子どもに伝えたい言葉をかけられなかったので、学校に着く前に話しておけばよかった。（●明治大学付属明治・女子）

※千葉市立稲毛国際…2022年に千葉市立稲毛高等学校附属から校名変更、中等教育学校に改組予定。

入試当日

学校に到着

学校の最寄り駅～学校

最寄り駅から学校への道は、ほかの受験生の流れができています。「周りの子は頭が良さそう…」などと見えてしまうこともあるかもしれませんが、それはお互い様。自信をもって元気に向かいましょう。

受験生を送り出す際には、必要な荷物の確認と、心のこもったひと言を。

● 下見のときに歩いたルートで行く

学校の最寄り駅から受験生の波についていったら別の会場に！ 同じ駅を利用する学校があることを忘れていました……。時間の余裕があったので、なんとか遅れずに済みました

● 周りの受験生に圧倒されないで、リラックスして向かおう

学校に到着！

駅から学校（試験会場）へ

周りの受験生が気になるかもしれないが、落ち着いて

★写真は2020年以前の入試の様子です。複数校の写真が入っています

学校（試験会場）に到着

受験生は試験会場、保護者は控え室へ移動。別れる際は、待ち合わせ場所や荷物の渡し忘れがないか確認を

先輩保護者アンケート

Q 入試当日、「困ったこと」や「慌てたこと」は？

試験開始～帰宅で

試験開始前

◆受験票を出すのに手間取る息子の、水筒の入ったサブバックを私があずかったまま見送ってしまい、慌てました。学校の生徒さんが届けてくれました。（●本郷）

◆間違った受験教室へ向かっていく姿が見えたが、保護者は別れたあとだったので、声かけできなかった。教室で間違いに気付けたとのことだった。（●白百合学園）

◆ある学校のロッカーが小さかったため、荷物が入らず、怒られた。1時間目の試験監督にはロッカーの前に置いていいと言われたが4時間目の監督に怒られて集中できず、荷物のせいで不合格だとその日は泣いていた。（●）

◆試験直前にデジタル時計はダメ

●男子校、●女子校、◐共学校
（ ）内の学校名は進学先です。共学のみ、子どもの性別を記載。
コメントの内容は進学先のこととは限りません。

学校

●学校へは、受験生の集合時刻の1時間前の到着を目安に

●受験生が必要な荷物はちゃんと本人が持っているか確認

入試初日に腕時計を忘れてしまった！ お母さんに貸りられて、助かった〜

試験終了後の待ち合わせ場所についても確認しておこう
（受験生は携帯電話の使用不可の学校もあるので注意）

●受験生は試験会場へ

●保護者は保護者控え室へ移動

●前日の合否確認や併願校の手続きをする場合も

会場・控え室へ

先輩保護者アンケート

Q 会場に送り出す直前にどんな言葉をかけた？

◆「よし、気合い入れていこう」（●高輪）
◆「がんばっといでー！」（●桐朋）
◆「大丈夫。安心して受けておいで」（●武蔵）
◆「ご武運を」。子どもも私も『鬼滅の刃』が好きなので。（●神奈川学園）
◆「落ちついて、問題をよく読んでね」（●豊島岡女子学園）
◆「楽しんでおいで」。なぜかとっさにこの言葉が出ました。（●立教女学院）
◆寒さ対策やトイレなど、気をつけるように伝えました。（●日本大学・女子）
◆「大好きだよ」「自信をもって一つひとつ頑張って」（●明治学院・女子）
◆「いつも通りで大丈夫」「受験が終わったらたくさん遊ぼう」（●明治大学付属明治・女子）

ですと説明があり、教室に時計があったので問題なかったのですが頭が真っ白になってしまったそうです。（●・男子）

試験中

◆会場の暖房がききすぎて暑かった。（●・男子）
◆シャーペンの芯が折れまくり、焦ってしまったようです。（●明治学院・女子）

試験終了後

◆帰りに同じ学校を受験していた同級生と一緒の電車になり、試験ができた／できなかったの話となり困惑した。（●鎌倉学園）
◆待ち合わせはごったがえした。目立つ服を着た方がよい。（●）
◆入試後の解散時間がはっきりわからず、ものすごい人数の保護者で、会えるか不安でした。（●）
◆持ち帰り用の問題用紙をもらえたのですが、本人が言えずに半べソになって出てきたので親が先生に言って問題をいただいた。（●）

入試当日

試験開始！

試験会場

受験生は自分の受験番号をもとに教室（席）を探して、困ったことがあったら恥ずかしがらずに係の先生や在校生に質問。教室に入ったらあとはもう、心を落ち着けて、思い思いに待つのみ。いよいよ試験開始です！

- 受験番号を確認し、教室（席）を探す
- 受験票と筆記用具を机の上へ
- 時間があればトイレに行っておく
- 試験開始までは、なるべくリラックス。お守りなどを見て心を落ち着かせよう

教室が暑くてボーッとしそうだったから、上着を一枚脱いだよ

＜ 試験開始

受験生

教室を探す

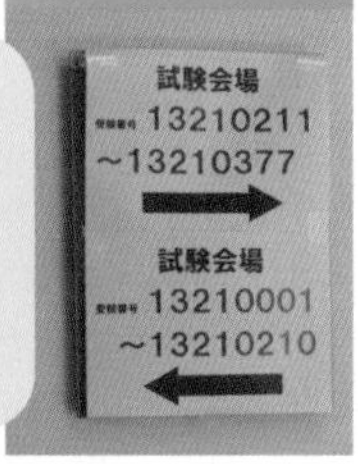

受験番号を確認して、教室へ移動。わからなかったら迷わず先生や在校生に聞いてみよう

席に着く

愛着のある問題集やお守りを見てリラックス。あとは自分を信じるのみ

試験開始

問題が配布されたら、試験開始。
解答用紙には受験番号と氏名を必ず記入！

先輩保護者アンケート

入試当日

Q 持って行って良かったものは？

受験生

1位 飲み物・軽食
（ラムネ、チョコ、ミニようかん、ゼリー飲料など）

◆チョコレート、一口サイズのようかん。休憩時に気分転換と栄養補給ができた。（●）

◆コロナのため軽食の持ち込みができない学校には、おしるこや甘い紅茶を小さな水筒に入れて持った。（◐明治大学付属明治・女子）

2位 カイロ

◆温かい物を握ると何となく落ち着いた。（●武蔵）

3位 ノートやテキスト類

◆『メモリーチェック』。安心するので持って行った。

●男子校、●女子校、◐共学校
（ ）内の学校名は進学先です。共学のみ、子どもの性別を記載。
コメントの内容は進学先のこととは限りません。

困ったことがあったら試験監督の先生に伝えよう

休み時間は気持ちを切り替えるために、廊下に出たり、チョコを食べたり(OKなら)しても

保護者控え室

受験生が試験を受けている間、保護者は待機。学校内の控え室や近隣のカフェなどで待つ保護者が大半ですが、2日目以降は、前日の合否確認や、併願校の手続きに行く場合も。

保護者控え室は冷えることがあるので、防寒対策はしっかりと

・待ち時間は長く感じられる。本や雑誌、PCタブレットなどで時間をつぶそう

試験問題が貼り出されることも。必要があれば書き写そう

緊張であまり集中できないので、文庫本より雑誌のほうが良かったです

午後入試を受ける場合 P70へ
午前入試のみで帰る場合 P72へ

保護者

保護者控え室いろいろ

学校によって保護者控え室として開放している場所はいろいろ。2022年入試では新型コロナウイルス感染対策のため、控え室が用意されないケースも想定される。入試要項などをよく確認して

(●中央大学附属・男子)

◆自分で作った「何度もまちがえてしまったノート」。

(●明治大学付属明治・女子)

★4位 お守り・寄せ書き

◆塾の先生方、友達からの応援メッセージが力になりました。

(●鎌倉女学院)

★5位 温度調節用の防寒具

◆コロナ対応で、換気による教室の温度がわからなかったので、小さくたためるダウンベストを持たせた。

(●女子学院)

★6位 段ボールの切れ端(机のガタつき調整用)

保護者

1位 カイロ
2位 本・雑誌
3位 温度調節用の防寒具(ひざかけ、予備の上着など)
4位 モバイルバッテリー
5位 飲み物・軽食(チョコ、あめなど)
6位 受験票のコピー

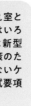

午後入試

入試当日

午前入試終了

試験終了後は多くの受験生が試験会場から出てきます。待ち合わせ時は気をつけましょう。

試験終了後、待ち合わせ

・具体的な待ち合わせ場所を決めておく
・目印になる帽子などを身につける

★2022年入試では新型コロナウイルス感染対策として、混雑をさけるために受験生の解散に例年以上に時間を要する可能性があります。

午後入試の会場へ移動

午前入試が終わったら、できるだけ速やかに午後入試の会場へ移動。その際、試験の出来・不出来はあまり聞かずに、リラックスさせ、気持ちを切り替えさせてあげることが肝心です。

午後入試を受けるなら、時間も限られているので待ち合わせで手間取りたくありません。待ち合わせ場所や目印などは、事前に決めておきましょう

午後入試の会場へ

日本大学高等学校 中学校

先輩保護者
アンケート

Q 午後入試を受けた日の昼食はどこで食べた？（複数回答）

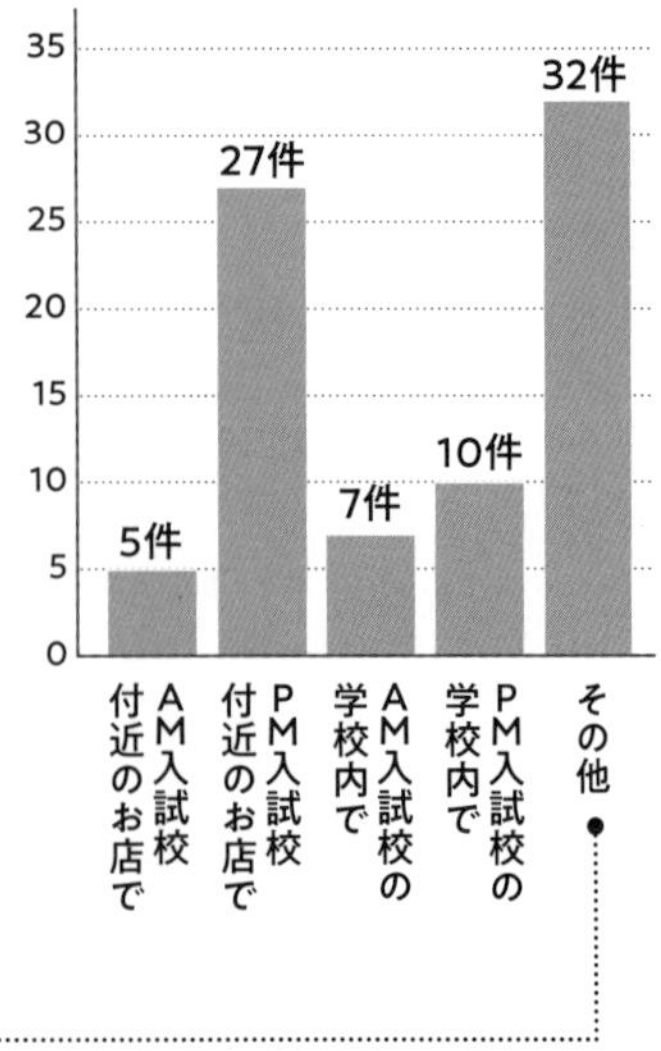
35
30
25
20
15
10
5
0
5件
27件
7件
10件
32件
AM入試校付近のお店で
PM入試校付近のお店で
AM入試校の学校内で
PM入試校の学校内で
その他

先輩保護者
アンケート

Q 午後入試を受ける際の上手な活用法は？

◆移動時間や受ける科目数によって受験可能か否かギリギリなところは、一般公開情報だけではわからない部分があるので、塾の先生にアドバイスをもらった。（●浅野）

◆少し時間があくと、緊張感の維持が難しい。午前の疲れをとりつつ、リラックスしすぎないように。（●逗子開成）

◆午後も受けてよかった。だんだん入試に慣れてきた。（●高輪）

◆無理のない日程にすべき。午前・午後受験は忙しいので移動が遠い所は避けるべき。（●早稲田）

◆午前入試ですごく疲れるので、午後は2科受験がいいかも。（●神奈川学園）

◆コロナ対策で、昼食場所や保護者の待機場所が確保できないことが想定されたため、近隣の駐車場

●男子校、●女子校、◐共学校
（ ）内の学校名は進学先です。共学のみ、子どもの性別を記載。
コメントの内容は進学先のこととは限りません。

●事前に調べておいた移動ルートで、所要時間に注意しながら、速やかに移動する

●午前入試の出来についてはあまり聞かない

●気持ちを切り替えるため、午前入試の話はしない

昼食

空腹では頭が働かなくなってしまいます。午後入試の前にはちゃんと何かお腹に入れておきたいもの。午後からのもうひとがんばりに備え、試験のことはいったん忘れてリフレッシュできるようにしましょう。

昼食をとる

- 午後入試の会場近くで食べるのが理想
- お店で食べるなら、事前に下見を
- 時間がなければ、移動中におにぎりを食べさせるなど、必ず栄養補給を

午後入試開始

受験生は、入室開始時刻になったら、試験会場へ

選択したコースや科目によって教室が異なることが多い

◆午後校の近くにあるレンタルスペースを予約しておきそこでコンビニご飯を食べた。／◆一度自宅に戻って食べた。／◆ＰＭ入試校付近のパーキングで、車中で食べた。／◆駅近くのホテルをデイユースで利用し、そこで食べた。／◆電車の乗り換え途中の駅ビルのお店。／◆午前受験校の駅から近い広場のような場所のベンチでおにぎり（持参）を食べてから移動した。

を予約し、終日、車中で待機した。（●共立女子）

◆とにかく、午後入試校の最寄駅に行っておいた方が良いと思う。（●香蘭女学校）

◆事前に計画を立て、電車の経路をいくつか考え、食事をとる場所もいくつか決めておいたことでスムーズに午後入試を受けられた。（●三輪田学園）

◆時間がないので、短時間で昼食をすませられる工夫を考えておくとよいと思います。（●横浜雙葉）

◆安全校として受ける場合、あてにしすぎない。疲れや、成績上位者が流れてくることなど、結果が読めない。（●立教女学院）

◆午後入試に向かう途中、親からは絶対に午前中のテストの手ごたえ等を聞かないようにしていた。（●●桐光学園・女子）

◆ＰＭ入試の終わる時間は通勤ラッシュになってしまうので、有料特急などを使い出来るだけゆったり帰るようにした。おやつを食べたり、テストの見直しができてよかった。（●日本大学藤沢・男子）

入試当日 帰り道～帰宅後

全力を出し切った受験生。保護者からは試験の内容は聞かず、「がんばったね、お疲れさま」と言葉をかけてあげましょう。受験生は一息ついてリラックスできたら、その日の試験で間違えたところや不安な箇所の確認を。出来が心配でも引きずらないことが肝心です。

●試験の出来・不出来は聞かない

●がんばったことをほめる

午後入試の後、帰宅したのは19時ごろ！　私も疲れていたので、夕飯は前日のお鍋の残りでおじやにしました

●試験の内容をふり返り、間違った箇所を解き直す

●翌日の受験校の過去問を見ておく

試験に出た内容をテキストで確認したら、翌日も同じような問題が出てラッキー！

翌日の用意

早めに就寝

塾に寄ることも

日能研
6年生 入試がんばって!!

試験の後は疲れているので、体調管理のためまっすぐ家に帰って休む人が大半。中には、「2月1日はまっすぐ帰ったが、2日以降は塾に寄った」という声も。先生や友達と話すことで気持ちを切り替えられたり、翌日の受験校の対策をしたりもできる

先輩保護者アンケート

Q 第1志望校の試験終了後はどう過ごした？

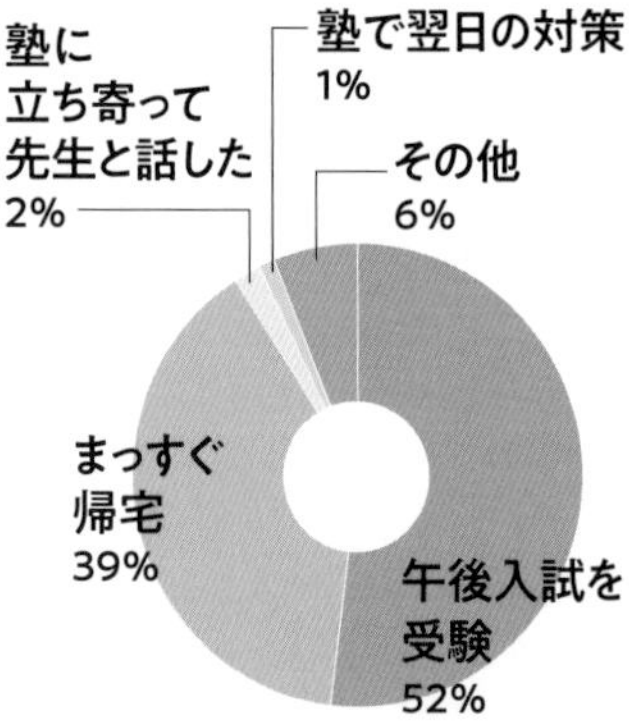

塾で翌日の対策 1%
塾に立ち寄って先生と話した 2%
その他 6%
まっすぐ帰宅 39%
午後入試を受験 52%

2021年入試は緊急事態宣言下だったため、ほとんどの受験生が塾に寄ることができなかった。塾の先生と電話で次の入試への対策を相談したという先輩受験生も。

先輩保護者アンケート

Q 試験終了後の過ごし方は？

◆試験終了後、全力を出し切って疲れていたから、帰宅後昼寝させた。（●浅野）

◆帰宅して次の日の過去問を1回分解いた。（●開成）

◆頑張ったごほうびとしてお昼ごはんを食べて帰った。一度リセットし、次の試験に向けて、気持ちをもっていった。（●城北）

◆塾に寄った。問題用紙を見て頂き、書き込み等をほめてもらったり、はげましてもらったりして本人も安心だったようです。（●武蔵）

◆電話で、塾の先生と翌日の相談。個別の対策や過去問を準備してくれた。（●湘南学園・男子）

●男子校、●女子校、●共学校
（　）内の学校名は進学先です。共学のみ、子どもの性別を記載。
コメントの内容は進学先のこととは限りません。

Q 直前・入試期間中のアドバイス

◇受験する学校が決まったら、出願・入試日（集合・解散時間）・合格発表・手続きの〆切りを一覧にまとめてリビングに貼っておき、家族みんなで共有した。直前にコロナにかかったり、濃厚接触者になったりすることも想定して、救済措置を設けている学校を調べておくとよいと思います。（●浅野）

◇前日も当日も、いつも通りを心がけて下さい。特別なことは何もいらないです。また、4年生〜6年生の3年間、勉強をがんばったことは、1月31日に伝えてあげて下さい。（●駒場東邦）

◇何時頃、どこを歩いている時に大事な伝達事項（注意事項や待ち合わせ場所など）を伝えると落ちついて伝えられそうか、などといった細かいことまでシミュレーションし、当日は遠足のしおりのように細かく作ったタイムスケジュールを持って行動しました。思った以上に親も心身ともに疲れるのでそのスケジュール通りに動けばいいという安心感が子どもを支える余裕につながりました。（●芝）

◇『進学レーダー』の付録にあった「書き込み式入試スケジュール表」はとても役に立ちました。バラバラに記入するのではなく1枚に、学校の電話番号や受験番号、時間での動きがまとまっているので手放せないものでした。出願から、受験当日、合格発表、入学金の振り込みまですべてで役に立ちました。1枚にスケジュールをまとめることをおすすめします。（●聖光学院）

◇コロナの影響で、校内で待機できなかったので、待てる場所を調べておくと良かった。学校近くのカフェはすぐ満員になってしまうので、何カ所か目星をつけておく。（●武蔵）

◇受験校のHPは直前まで何回も確認した方がいいです。コロナの状況によって集合時刻、開門時刻が変更になったり（何回も）、昼食場所提供がなくなったり、受験終了後のお迎えの流れが変更になったりが続いたため。合格発表の時刻が変更になった学校もありました。（●）

◇出願、行動スケジュールの作成、細かい持ち物の準備などには、思いのほか時間がかかります。けれど、余裕をもって準備しておけば2月1日以降はスムーズに進められます。1月を、親も有効に使った方がよいと思いました。（●共立女子）

◇綺麗ごとかもしれませんが子どもの心身の健康が一番です。疲れた時は休ませ、伸びない時は話を聞くだけでいいと思います。お子様だけをしっかり見てあげてください。成績の良いお友達より自分の子です！（●日本女子大学附属）

◇会場によって寒暖差がはげしいので、薄めの前開きの服を重ね着させると良いです（Tシャツの上に前開きのシャツ、その上にカーディガン、上着といった感じ）。（●開智・男子）

◇思っていた学校に合格できなかったりスムーズにいかなかったとしても、気持ちを切り替えることが大切。実際、急に方針変更して受験した学校に進みましたが子どもも楽しく通っているので、ここがご縁のあった学校だったと思っています。（●日本大学・男子）

◇1週間前に入試当日の流れを再現する。朝の起床時から、入試（過去問をする）、食事、風呂とシミュレーションした。（●明治大学付属明治・女子）

合格発表

合格発表は子どもが初めて「自分の結果」と向き合う大切なときです。できるだけ自分の目で確認を。たとえ残念な結果でも、最後の試験まで自分を信じて。

受験番号は念入りに確認を

- WEBで確認する場合は受験番号やパスワードの入力間違いに注意して
- 入学手続き方法を確認
  - 入学手続き金の払い込み方法、手続きの締め切り日時をしっかり確認
- 補欠合格の番号も確認
  - 補欠・繰り上げ合格の連絡日を忘れずに確認しておこう
- 残念な結果でも弱気にならず、次の試験でがんばろう！

合格発表確認時の注意点

いまはほとんどの学校がWEB発表を行っています。WEB発表後、合格書類の受け取り時間が短い学校もあるので、必ず事前に確認を！

残念な結果でもしっかり目を通して

不合格だった場合、すぐに目をそむけたくなってしまうかもしれないが、補欠合格が出ていたり繰り上げ合格がある場合の連絡などについてお知らせのあるケースも。大切な情報を見落とさないよう、すみずみまで慎重に確認を。

合格書類の受け取り忘れに注意！

入学手続き期間を長く設定している学校もあるが、合格発表から数時間しかない学校も。WEB上で手続きする学校も多く、手続き忘れや書類のもらい忘れが増えている。せっかくの合格が無効にならないよう、くれぐれも注意を。

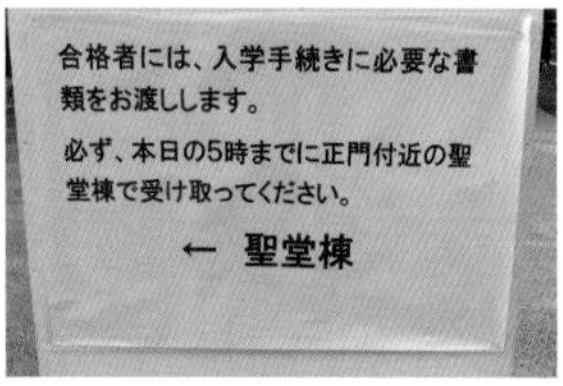

合格者には、入学手続きに必要な書類をお渡しします。
必ず、本日の5時までに正門付近の聖堂棟で受け取ってください。
← 聖堂棟

先輩保護者アンケート

Q 合格発表時、入学手続き時に「困ったこと」や「慌てたこと」は？

◆手応えもよく、過去問の感触や合否判定でも受かると思っていた学校がダメだったとき、本人より親が動揺した。（●世田谷学園）

◆合格発表のサイトがわからずバタバタしてしまった。受験前にきていたメールにURLがあったのを思い出して事なきを得たが、入金〆切があるので慌てた。（●）

◆本人がWEBで発表を見ました。ダメだったと泣き声が聞こえたので、すぐに塾に電話して話をしてもらい、落ち着きを取り戻しました。（●品川女子学院）

◆WEB発表はログインして番号を探すのかと思っていたら、いきなり合否がバンッと出たのでびっくりした。心の準備が…。（●）

◆入学手続きで、郵送しなければ

●男子校、●女子校、●共学校、■公立中高一貫校
（ ）内の学校名は進学先です。共学のみ、子どもの性別を記載。
コメントの内容は進学先のこととは限りません。

入学手続き

●WEBサイト上や学校窓口で入学手続きをし、手続き金を支払って入学手続きが完了！

延納手続きや入学金の払い込みなどは日にちが錯綜します。手続き、段取りにミスがないよう、念入りに確認しました

●進学先が決まったら、塾、小学校に報告

●入学辞退する学校へ連絡

●「入学証明書」をもらい、役所に提出

●入学予定者（合格者）登校日には必ず学校へ

さあ、中学校生活のスタートだ！

合格発表・入学手続き チェックリスト

- □ 入学手続き書類は受け取った？
- □ 手続きの最終締め切り日時を確認
- □ 入学手続き金の支払いは？ OR 延納届けや分納届けは出した？
- □ （ダメだと思っても）補欠合格者候補も確認を

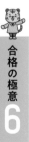

進学先決定後 チェックリスト

- □ 入学手続きのもれがないか再確認！
- □ 合格者登校日は確認した？
- □ 進学しない学校には辞退する旨伝えた？
- □ 進学先を塾、小学校に報告した？
- □ 公立中に進学しない旨、役所に手続きした？

補欠・繰り上げ合格とは

入学辞退者の状況によって、追加で合格を出すのが「繰り上げ合格」。発表のとき専用窓口を設ける学校もある。不合格だったとしても、繰り上がりの連絡日などを聞いておこう。ちなみに、補欠で入学しても、その後の成績には関係ないので、心配する必要はない。

入学予定者（合格者）登校日とは

この日に学校に行くことは、入学の最終的な意思表示になるため、参加できない場合は必ず学校に連絡すること。連絡しないまま欠席すると、入学辞退とみなされることも。当日は制服の採寸や教科書の配布、また入学前の課題が出されるなど、中学校生活のスタートを切る日なのだ。

ならないもの（保証書など）が多く期限も短かったので、全て終えるまでは安心できなかった。（●）

◆合格発表当日の16時までに入学手続き書類を受け取りに行かなければならない学校は、電車が止まったこともあり、ぎりぎりの時間となった。（●横浜雙葉）

◆入学金の延納手続きを忘れそうになりましたが、直前に気が付きました。（●・男子）

◆WEB発表でパスワードをド忘れした。（■●・女子）

受験して良かった！

◆泣き虫でがんこで、一緒に受験するのは厳しいかもと低学年の時は思っていたけれど、本人の希望で受験をすることに。6年生の1年間は、こちらが想像した以上に頑張り続け、入試中も泣きもせず、やり通しました。本当に成長を感じました。（●世田谷学園）

◆学習の習慣が身に付き、自分なりの勉強法を考えるようになったので、中学生活でもそれが活きていると思います。頑張ったことが自信に繋がっています。（●浅野）

◆話題が広がった。身近なことに目が向くようになった。（●駒場東邦）

◆もともとあまり自分に自信のないタイプだったが、中学受験の勉強を通し徐々に自信をつけ、最終的に大きな自信をつけたと思う。不合格もあったが、精一杯努力をしたという事実が我が子を大きく成長させてくれた。（●芝）

◆頑張れば報われることと、頑張っても結果が伴わないことがあると学べた。（●城北）

◆思い通りに行かないことを現実に感じた。親としても、子どもにとっても考えさせられ、成長できたと思います。（●世田谷学園）

◆スポーツもあまり興味がなく続かなかったけど、中学受験は自分の意志で始め、家族みんなで協力し本人が最後までやり切ったので、この期間にかなり成長したと思う。家族が一つになって、本人が成長できた!!（●桐朋）

◆目標に向かって真剣に頑張っている子どもの姿を見ることができた。多感な時期に、家族で色々話し、協力し、お互いを思いやれる時間を過ごせたのは素晴らしい経験だった。（●函館ラ・サール）

◆第1志望校に合格して、本人が生き生きと中学校生活を送っている姿を見られる。（●武蔵）

◆志望校も全て本人が自分で決定しました。将来・未来を考え、自立への一歩になったと思います。（●ラ・サール）

◆子どもも親も成長できた。子どもは感情的にならず客観的に見ることも覚えた。自分の意見を少しずつでも言うようになった。親は固定観念や自分の感覚で捉えがちだったが、子どもが望む中学校・高校生活や子どもの適性に改めて気付いた。（●立教池袋）

◆息子は大人になりました。合格発表を先頭に立ち見に行く姿にびっくりしました。落ちついていました。私達もたくさん学びました。（●早稲田）

◆家族みんなが娘を応援し絆が強まった。（●浦和明の星女子）

◆一生に1度、12歳の冬にしか出来ないこと。目標を決めて思いきりがんばることの楽しさを知ってくれた。（●桜蔭）

◆学習習慣がついた。計画をたてて学習するようになった。家族に対して尊敬の気持ちが深まった。

●男子校、●女子校、◐共学校
（ ）内の学校名は進学先です。共学のみ、子どもの性別を記載。
コメントの内容は進学先のこととは限りません。

先輩保護者アンケート

中学 先輩家族からの応援メッセージ

(鎌倉女学院)

◆勉強する習慣が身に付いた。

(十文字)

◆小学生ですが、自分の実力を知ることができ良かった。上には上がいること、努力だけではどうにも追いつけない仲間と切磋琢磨できたこと。

(淑徳与野)

◆何度も何度も親子げんかをしましたが、「ここまでずっと支えてくれてありがとう」と口べタな子どもが言ってくれた時、本当に嬉しかったです。

(品川女子学院)

◆子ども自身が、何が必要でどうすれば乗りこえられるかということを考える機会となり、そのおかげで成長できたと思います。

(女子学院)

◆自分で選んだ学校に通っているという気持ちで、大変なことも楽しそうに頑張っている姿。

(女子学院)

◆子どもは自分でえらんだ学校ということで、ほこりを持って生活している。

(白百合学園)

◆親の想像以上に子どもが精神的に強いことを知れた。

(豊島岡女子学園)

◆父と娘が良好な関係を築けた。

(横浜共立学園)

◆家族で、子どもの成長をダイレクトに見ることができた。家族と異なるコミュニティで、皆で目標をめざす楽しさを子どもが感じられた。

(立教女学院)

◆より多くの知識も身について、困難をのりこえたという自信がついたと思う。

(開智・男子)

◆今でも幼い方ですが、受験したことで少しは大人になったような気がします。

(國學院大學栃木・男子)

◆「勉強する」ということは、常に必要なことで、自分の取り組みしだいで結果が変わってくる、ということを、身をもって知った。

(西武学園文理・女子)

◆思春期前に子どもと向きあえた。

(東京電機大学・男子)

◆コロナの影響で、どう子どものモチベーションを維持するか?思考錯誤が多く、親として決して100点ではなかったと感じています。そのような中、改めて子どもと向き合い、親子の信頼関係を再構築できたと思います。

(桐光学園・女子)

◆受験の回数を重ねる度に、子どもが頼もしく成長した。入試日も勇敢に立ち向う姿勢と先生への感謝、友人への心配り、そしてユーモアなど余裕を持ちバランスが取れていたように思う。

(東邦大学付属東邦・男子)

◆子どもが、今現在、楽しい友達に囲まれているので。

(日本大学・男子)

◆これからの人生について親がみてきたもの感じてきたものを子どもに伝えられた。

(明治大学付属明治・女子)

◆努力することの大切さを実感できたのかな? 子ども自身の世界が広がったと思う。

(安田学園・男子)

“未来型”入試問題に備える

1日5分でも1年間で1825分！

毎日ご自宅に届きます！
時事問題に親しむ環境づくりが大事です。

時事ワードが日常会話に
ニュースをわかりやすく解説

難しい話題でも、図や絵で親しみやすく。さまざまな分野の記事を掲載しています。

多様な意見に触れ思考力を育む

てつがくカフェ
「世界はどうやってつくられたのか？」「親はなぜ怒るの？」「私は誰のもの？」などなど、子どもからの「答えのない問い」に哲学者３人が格闘。思考力を育みます。
毎週木曜（一部地域金曜）

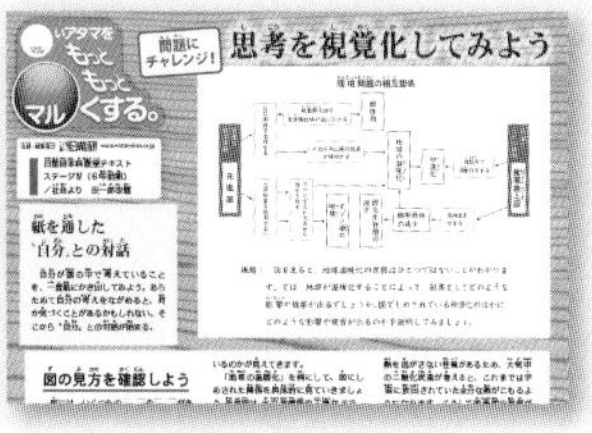

最先端の中学入試問題

マルいアタマをもっともっとマルくする。
まだ見ぬ未来をも視野に出題される、最先端の入試問題をピックアップし、思考の道筋を詳しく解説します。日能研協力。
毎週金曜（同土曜）

学《まな》びや

有名中学高校の先生が紙上授業

学びや
私学４校の中学・高校の先生が週替わりで、小学生に向けてコラムを執筆。
2021年度のラインアップは、渋谷幕張、栄光学園、海陽学園、慶應義塾普通部です。
毎週金曜（同土曜）

人気連載

１面コラム「みんなの目」第１週
辻村深月さんが登場！

「かがみの孤城」など、若い人にも大人気の作家、辻村深月さん。中学受験では多くの学校が辻村さんの作品を入試問題に採用しています。

謎解きブームの仕掛け人
松丸亮吾さんが出題！

東大の謎解き制作集団の元代表で、謎解きブームの仕掛け人、松丸亮吾さんが、毎週楽しい問題を出題します。

夢をかなえる！
キムタツ先生の
まいにち英単語 365

全国から講演依頼殺到の灘中高の英語教諭だった木村達哉さんが監修。小学校で習う英単語を学びます。

MAINICHI 毎日新聞

毎日小学生新聞 月額 1,750円 税込み

毎日配達* ｜ サイズ：タブロイド判 ｜ ページ数：８ページ

*休刊日除く

Webで簡単申し込み
毎日小学生新聞

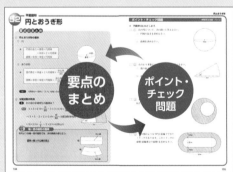

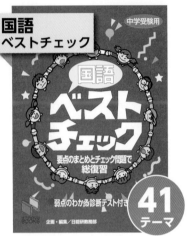

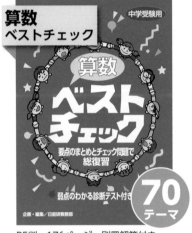

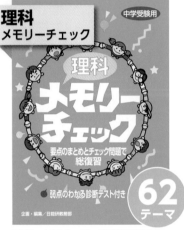

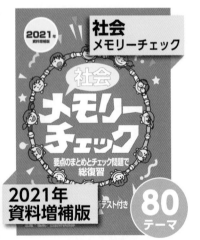

次号予告

中学受験 進学レーダー

2021年12月号(vol.8)

11月15日発売

紙版：定価1,320円(税込)
電子版：価格1,210円(税込)

中学受験

2022年入試を突破する!

◆あと70日の学習法
◆1月入試のお得情報
◆先輩家族の合格体験記
◆入試直前の勝負メシ

2021年度『進学レーダー』年間発売予定

月号	vol.	発売日	特集内容
2021年3&4月号	2021年vol.1	3月15日	中学受験塾へGO!
2021年5月号	2021年vol.2	4月15日	楽しい難関校
2021年6&7月号	2021年vol.3	5月15日	男子校・女子校・宗教校の知られざる魅力
2021年8月号	2021年vol.4	7月 1日	夏の学びと過去問の準備
2021年9月号	2021年vol.5	8月15日	秋からの志望校選びと過去問本格開始!
2021年10月号	2021年vol.6	9月15日	併願2022
2021年11月号	2021年vol.7	10月15日	卒業後、子どもが社会で活躍する私学
2021年12月号	2021年vol.8	11月15日	2022年入試を突破する!
2022年1&2月号	2021年vol.9	12月15日	笑顔で合格!

●入試直前特別号

11月1日発売予定
紙版：定価1,430円(税込)
電子版：価格1,210円(税込)

※特集・連載の内容は、編集の都合上変更になる場合もあります。

発売 ㈱みくに出版 ☎ 03−3770−6930 http://www.mikuni-webshop.com

入試日まであと何日？

入試日 逆日めくりカレンダー

入試までぁと

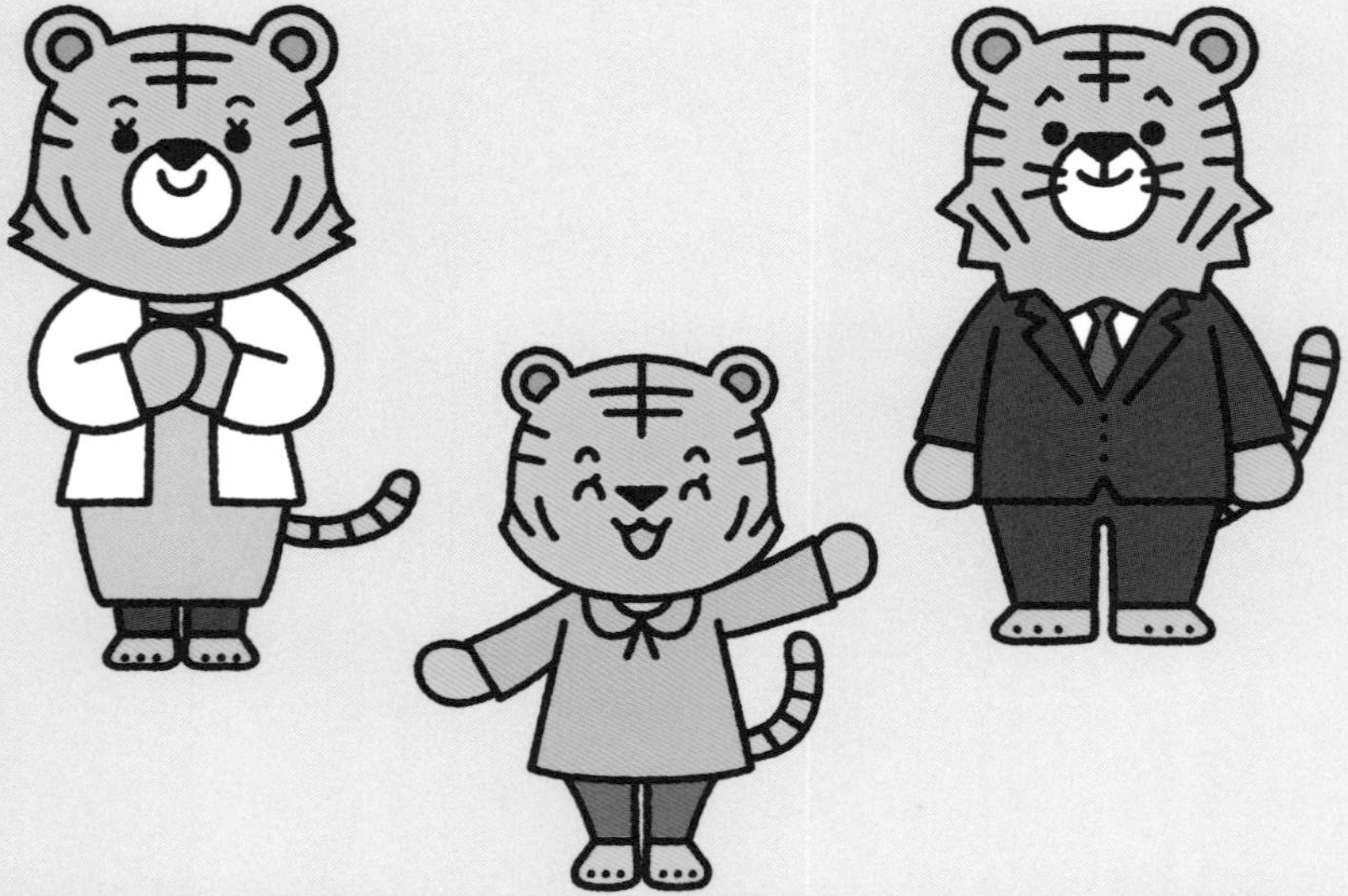

入試までぁと

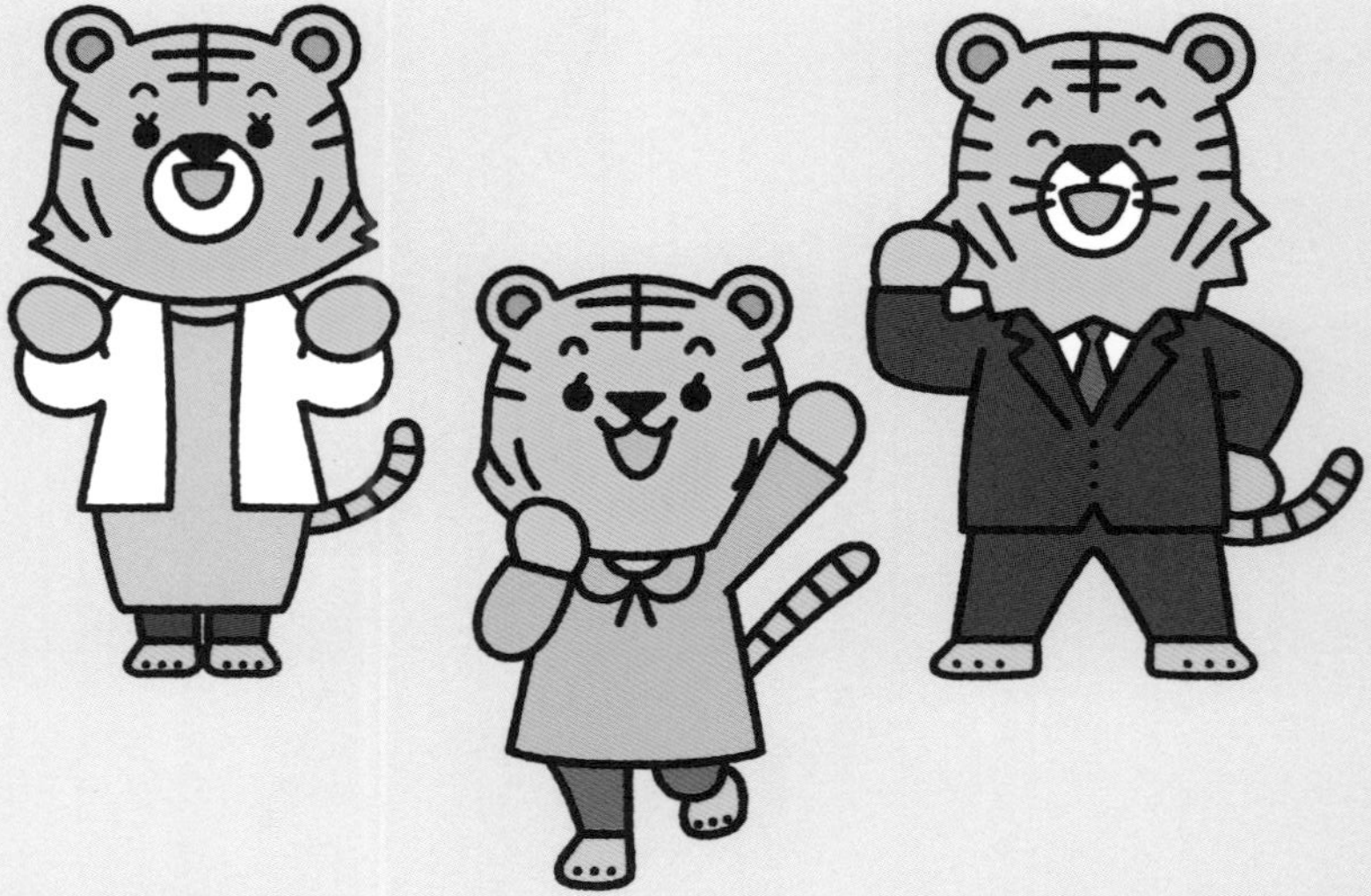

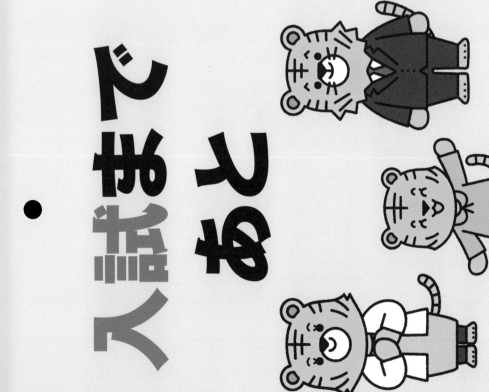

入試日逆日めくりカレンダー

月　日　曜日

16日

今日の予定

Q

国語

漢字の書き方

次の(1)〜(15)の——線部のカタカナを漢字に直しなさい。

(1) 計画をタダちに実行する。
(2) クッキーのキジを焼く。
(3) サイダイもらさず話を聞く。
(4) かけ算の九九をアンショウする。
(5) ロジョウで遊ぶのは危険だ。
(6) セキネンの願いがようやくかなう。
(7) 頑張《がんば》ったのでセイセキが上がった。
(8) 美しい顔でホンショウをかくす。
(9) めずらしい資料をテンジする。
(10) いやな事件がホウドウされている。
(11) 病気がカイホウにむかう。
(12) 宴会《えんかい》のヨキョウで歌を歌った。
(13) 彼女はいつもホガらかで明るい。
(14) 私の父は花屋をイトナんでいる。
(15) ゼッタイ絶命のピンチだ。

A

漢字の書き方

(1) 直　(2) 生地　(3) 細大　(4) 暗唱　(5) 路上
(6) 積年　(7) 成績　(8) 本性　(9) 展示　(10) 報道
(11) 快方　(12) 余興　(13) 朗　(14) 営　(15) 絶体

Q

国語

漢字の読み方

次の(1)〜(10)の漢字の読み方を答えなさい。

(1) 目標にむかって精進する。
(2) 読経の声がひびきわたる。
(3) 山はひどい吹雪になった。
(4) 田舎の空気はきれいだ。
(5) 大和朝廷《ちょうてい》が日本を統一した。
(6) 大豆から納豆《なっとう》を作る。
(7) 旅行のお土産をもらう。
(8) 美しい乙女がすわっている。
(9) 仮病で学校を休む。
(10) 願いが成就する。

A

漢字の読み方

(1) しょうじん　(2) どきょう（どっきょう）　(3) ふぶき
(4) いなか　(5) やまと　(6) だいず　(7) みやげ
(8) おとめ　(9) けびょう　(10) じょうじゅ

月　日　曜日

31日

今日の予定

月　日　曜日

15日

今日の予定

Q 算数 分数の大小

次の問いに答えなさい。

(1) $\frac{1}{2}$より大きく$\frac{5}{6}$より小さい，分母が６の分数を求めなさい。

(2) $\frac{1}{6}$より大きく$\frac{3}{4}$より小さい，分母が12の既約《きやく》分数をすべて求めなさい。

(3) $\frac{3}{8}<\frac{\square}{24}<\frac{7}{12}$の□にあてはまる整数をすべて求めなさい。

A 分数の大小

(1) $\frac{4}{6}$　(2) $\frac{5}{12}$，$\frac{7}{12}$　(3) 10，11，12，13

Q 算数 割《わり》 合《あい》

次の□にあてはまる数を求めなさい。

(1) 28人は，140人の□%です。

(2) □mは，272mの２割《わり》２分《ぶ》５厘《りん》です。

(3) □kgの１割８分が，900ｇです。

(4) 4.2Ｌは，□Ｌの35%です。

A 割《わり》 合《あい》

(1) 20　(2) 61.2　(3) 5　(4) 12

月　日　曜日

30日

今日の予定

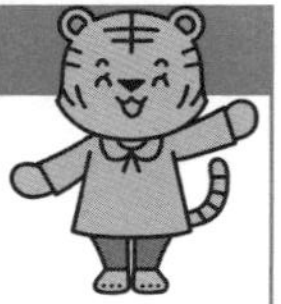

月　日　曜日

14日

今日の予定

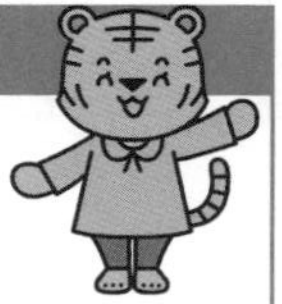

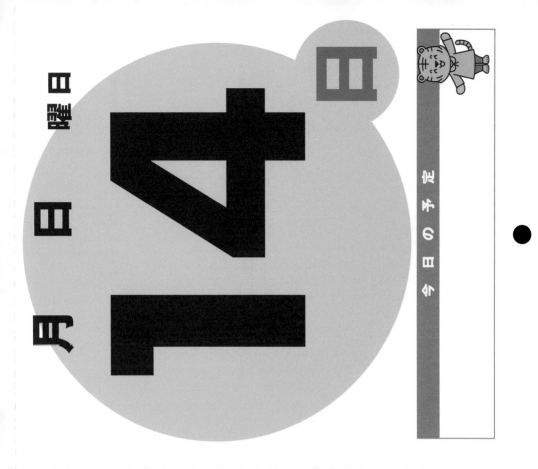

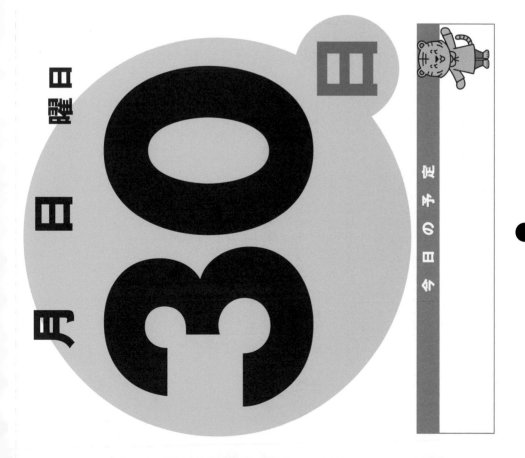

Q

社会 人口

次の文中の［ア］～［ク］にあてはまることばや数字をそれぞれ答えなさい。

(1) 年齢別《ねんれいべつ》人口構成のグラフを，人口［ア］といいます。戦前の日本の年齢別人口構成は多産多死の［ア］型で，現在は，［イ］のつぼ型です。しかし，昭和20年代に子どもが多く生まれた［ウ］により，形が少し変形しています。

(2) 2025年には［エ］割の人が高齢者となり，2050年になると14歳《さい》以下の人口は10.6%，15～64歳は51.8%，65歳以上は37.7%と予測されています。そのためおよそ［オ］人に２人が高齢者となり，15～64歳の人が［カ］人（小数第２位を四捨五入《ししゃごにゅう》）で１人の高齢者の生活をささえることになります。

(3) 高齢社会になると，高齢者が将来《しょうらい》受け取る年金が［キ］くなり，また，働く世代の負担《ふたん》が［ク］くなります。

A

人口

ア ピラミッド　イ 少産少死　ウ ベビーブーム　エ 3（割《わり》）

オ 5（人）　カ 1.4（人）　キ 少な（く）　ク 重（く）

Q

社会 三権分立《さんけん》と国会の地位

次の図は，三権分立《さんけん》をあらわしたものです。図中の［1］～［8］にあてはまることばをそれぞれ答えなさい。

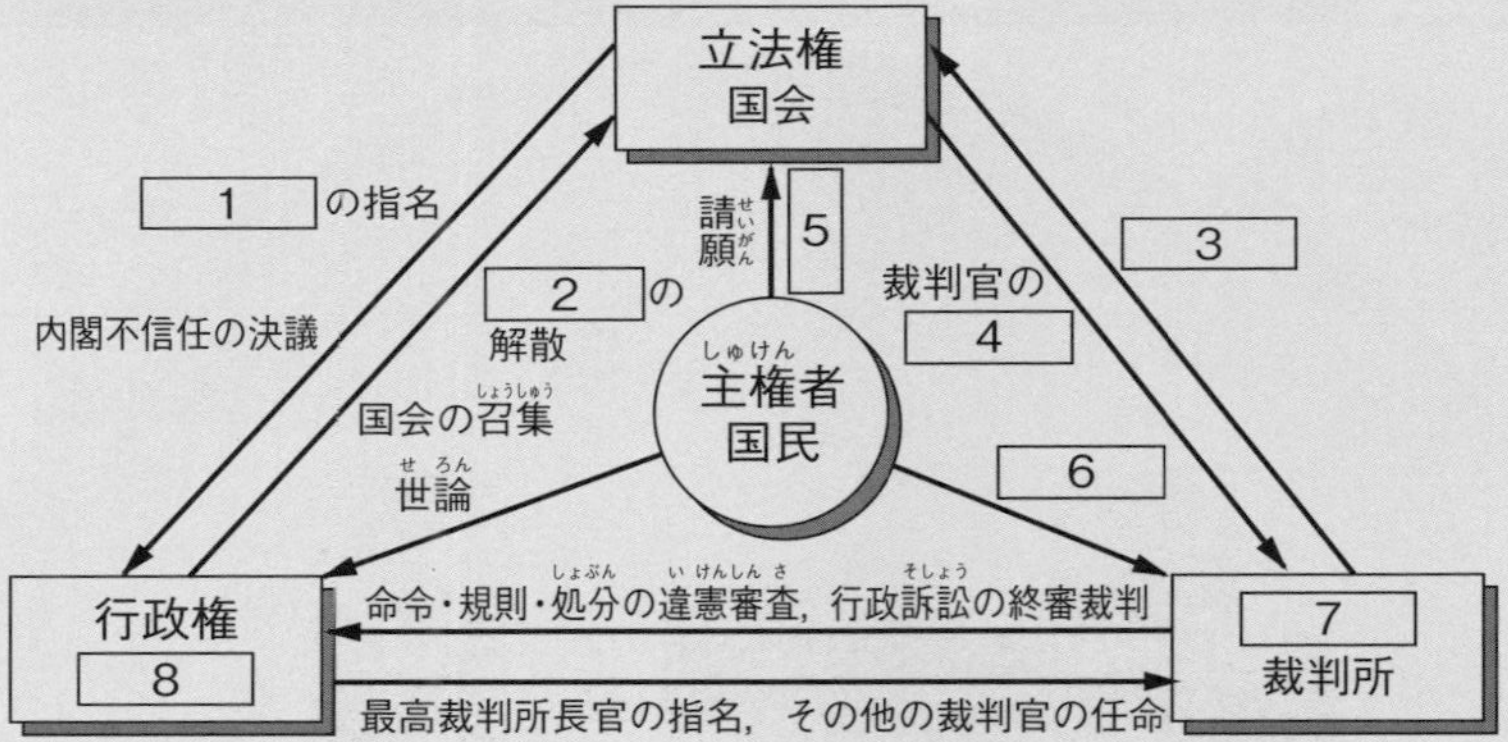

立法権
国会
［1］の指名
内閣不信任の決議
［2］の
解散
国会の召集《しょうしゅう》
世論《せろん》
請願《せいがん》
［5］
主権者《しゅけん》
国民
裁判官の
［4］
［3］
［6］
行政権
［8］
命令・規則・処分《しょぶん》の違憲審査《いけんしんさ》，行政訴訟《そしょう》の終審裁判
最高裁判所長官の指名，その他の裁判官の任命
［7］
裁判所

A

三権分立《さんけん》と国会の地位

1 内閣総理大臣　2 衆議院《しゅうぎいん》　3 違憲《いけん》立法審査《しんさ》

4 弾劾《だんがい》裁判　5 選挙　6 国民審査　7 司法権

8 内閣

月　日　曜日

29日

今日の予定

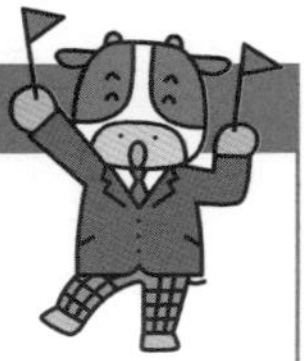

月　日　曜日

13日

今日の予定

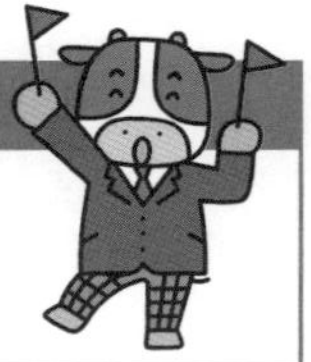

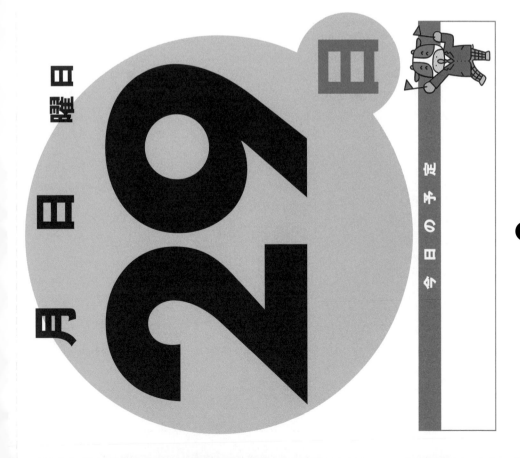

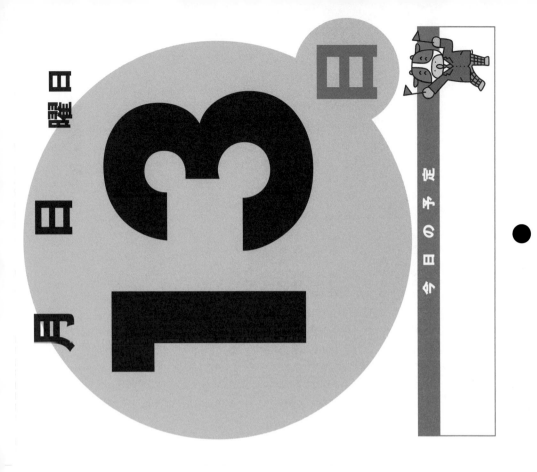

Q

理科 花のつくり

次の ア ～ キ にあてはまることばや数字をそれぞれ答えなさい。

	花びらのつき方	花びらの数	おしべの数
アブラナの仲間	ア	イ	6
サクラの仲間	1枚ずつ分かれている	ウ	多数
エンドウの仲間	1枚ずつ分かれている	5	エ
アサガオの仲間	オ	カ	5
タンポポの仲間	キ	5	5
ヘチマの仲間	根もとでくっついている	5	お花に5本

A

花のつくり

ア　1枚ずつ分かれている　イ　4　ウ　5　エ　10
オ　根もとでくっついている　カ　5
キ　根もとでくっついている

Q

理科 力の組み合わせ

右の図のように，てこ，かっ車，輪軸を組み合わせたものにおもりをつるしてつり合わせました。図を見て，後の問いに答えなさい。ただし，おもり以外の重さは考えないものとします。

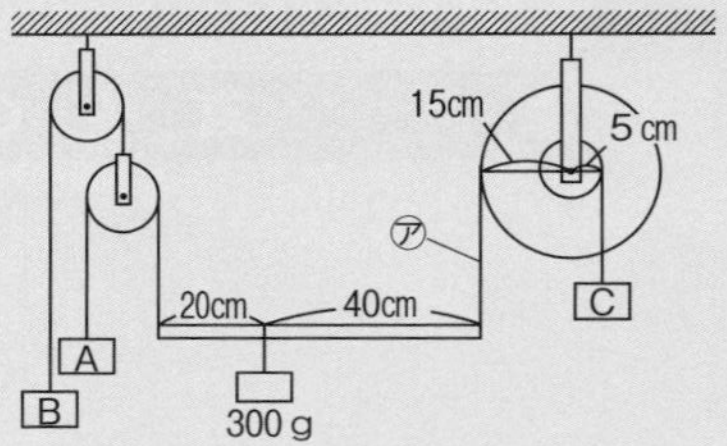

(1)　㋐のひもにかかる力は何gですか。
(2)　おもりAの重さは何gですか。
(3)　おもりBの重さは何gですか。
(4)　おもりCの重さは何gですか。
(5)　おもりBが動かないようにして，おもりAを9cm引き下げたところ，てこが傾いたので，おもりCを引き下げててこを水平にしました。このとき，おもりCを何cm引き下げましたか。

A

力の組み合わせ

(1)　100g　(2)　200g　(3)　400g　(4)　300g　(5)　3cm

月　日　曜日

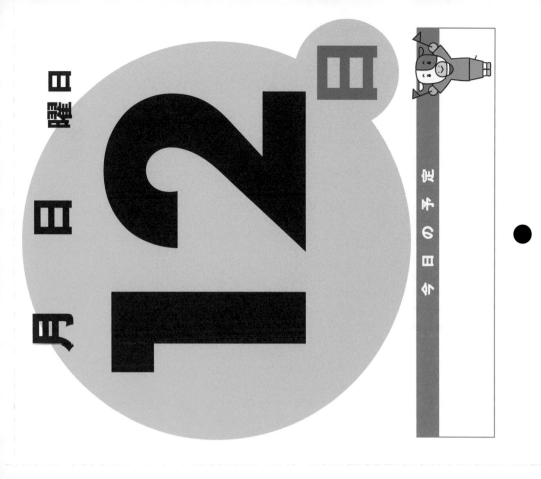

28日

今日の予定

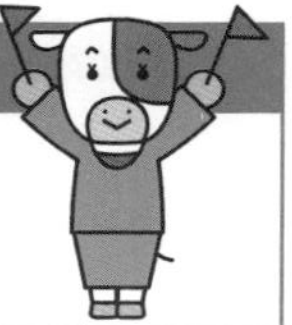

月　日　曜日

12日

今日の予定

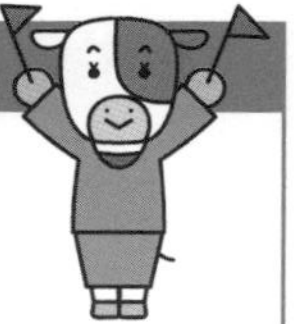

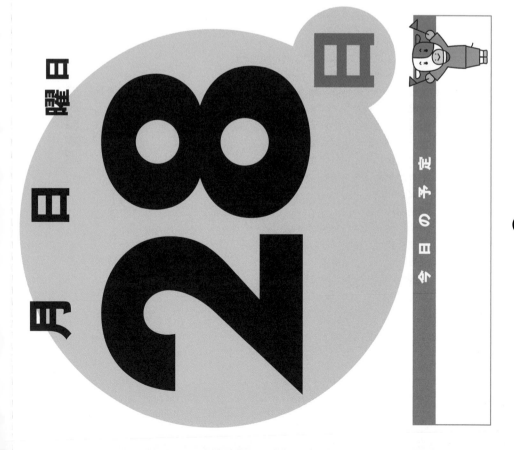

Q 国語 ことわざ

次のことわざの意味に近い熟語をあとからそれぞれ選びなさい。

① 石橋をたたいて渡る
② 河童《かっぱ》の川流れ
③ ひょうたんからこま
④ やぶから棒
⑤ 目から鼻に抜ける
⑥ 転ばぬ先のつえ
⑦ 石の上にも三年

ア 忍耐　イ 意外　ウ 利発
エ 突然　オ 失敗　カ 用心
キ 慎重

A ことわざ

① キ　② オ　③ イ　④ エ　⑤ ウ　⑥ カ
⑦ ア

Q 国語 同音異義語

次の(1)～(5)の文のそれぞれの[A]と[B]には、同じ読みをする異なる漢字一字が入ります。その読みを左の□の中から選び、その漢字をそれぞれ答えなさい。

(1) 特に異[A]はない。
降ったり止んだり天気が異[B]だ。
(2) 水泳[A]外のスポーツは得意だ。
それは[B]外な出来事だ。
(3) どれい[A]放。
[B]放的な空間。
(4) どちらが先に着くか競[A]した。
早食い競[B]は体によくない。
(5) [A]答用紙に名前を書く。
お客さまの問い合わせに[B]答する。

カイ　イ　ジョウ　ソウ

A 同音異義語

(1) A＝状・B＝常　(2) A＝以・B＝意　(3) A＝解・B＝開
(4) A＝走・B＝争　(5) A＝解・B＝回

月　日　曜日

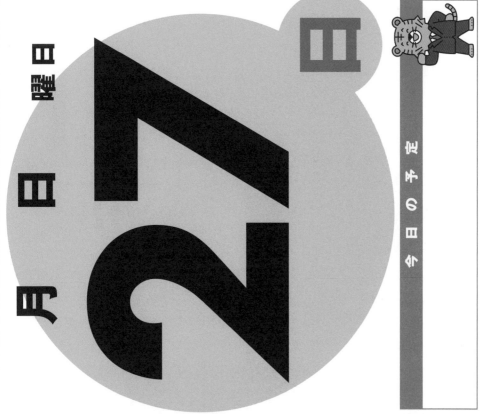

27日

今日の予定

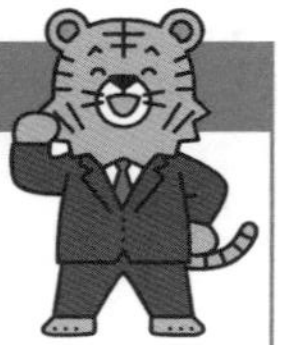

月　日　曜日

11日

今日の予定

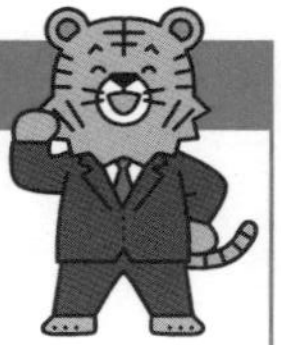

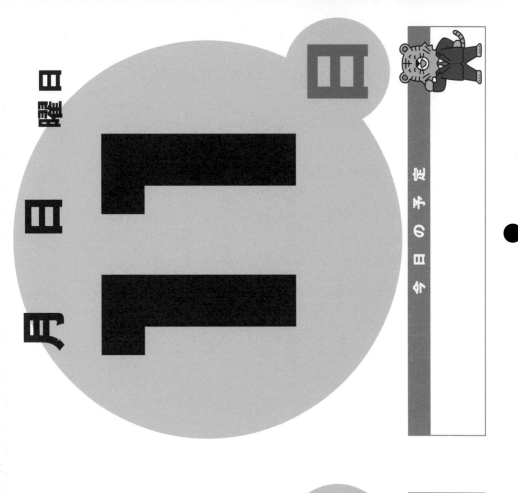

Q 算数 順　列

[1]，[2]，[3]，[4]の4枚《まい》のカードの中から3枚をとり出して，3けたの整数を作ります。次の問いに答えなさい。

(1)　3けたの整数は全部で何通りできますか。

(2)　3けたの偶数《ぐうすう》は何通りできますか。

(3)　3けたの整数の中で，3の倍数は何通りできますか。

A 順　列

(1)　24通り　(2)　12通り　(3)　12通り

Q 算数 単位の換《かん》算《さん》

次の量を，（　）の中の単位で表しなさい。

(1)　3 m（cm）　(2)　1.5km（m）

(3)　9 t（kg）　(4)　2.65kg（g）

(5)　35km^2（ha）　(6)　8 ha（a）

(7)　9.7 a（m^2）　(8)　93.2m^2（cm^2）

(9)　3 dL（cm^3）　(10)　84m^3（L）

(11)　6.2 L（dL）　(12)　2 kL（m^3）

A 単位の換《かん》算《さん》

(1)　300cm　(2)　1500m　(3)　9000kg　(4)　2650 g

(5)　3500ha　(6)　800 a　(7)　970m^2　(8)　932000cm^2

(9)　300cm^3　(10)　84000 L　(11)　62dL　(12)　2 m^3

月　日　曜日

26

日

今日の予定

月　日　曜日

10

日

今日の予定

Q 社会 地下・エネルギー資源《しげん》

次の文中の［ア］～［コ］にあてはまることばをそれぞれ答えなさい。

(1) 1960年ころまでエネルギー資源《しげん》の主役は［ア］でした。しかし，その後ねだんが安く，取りあつかいに便利な［イ］に変わりました。

(2) 1973年には［ウ］の影響《えいきょう》で，1979年には［エ］の影響で石油危機《きき》がおこり，石油のねだんが大幅《おおはば》に上がりました。そのため，代替《だいたい》エネルギーの開発が求められるようになり，岩手県の松川，葛根田《かっこんだ》などの［オ］発電が少しずつ増えています。

(3) ［カ］発電は，発電のための燃料費がかかりませんが，送電のロスが大きいという欠点があります。それに対して，［キ］発電は，大都市や工業地域《ちいき》の近くで行われています。原子力発電所は，［ク］県の［ケ］湾沿岸《わんえんがん》に多くあります。

(4) 青森県の［コ］村には，核《かく》燃料再処理施設《しょりしせつ》があります。

A 地下・エネルギー資源《しげん》

ア 石炭　イ 石油　ウ 中東戦争　エ イラン革命《かくめい》
オ 地熱（発電）　カ 水力（発電）　キ 火力（発電）
ク 福井《ふくい》（県）　ケ 若狭《わかさ》（湾《わん》）　コ 六ヶ所（村）

Q 社会 公害

次の文中の［ア］～［ウ］にあてはまることばをそれぞれ答えなさい。

世界各地の貴重《きちょう》な自然環境《かんきょう》と文化財を保護することを目的に［ア］条約が，ユネスコ総会で採択《さいたく》されました。日本もこの条約に加盟し，屋《や》久《く》島や［イ］山地などの自然遺産《いさん》や，姫路城《ひめじじょう》などの文化遺産とともに，［ウ］も“負の遺産”として登録されています。

A 公害

ア 世界遺産《いさん》（条約）　イ 白神《しらかみ》（山地）　ウ 原爆《げんばく》ドーム

月　日　曜日

25

日

今日の予定

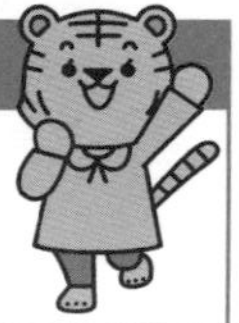

月　日　曜日

9

日

今日の予定

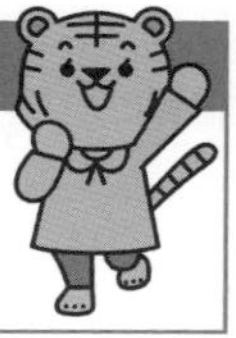

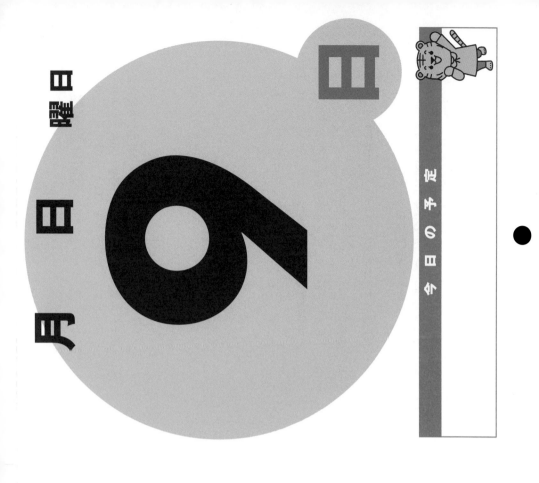

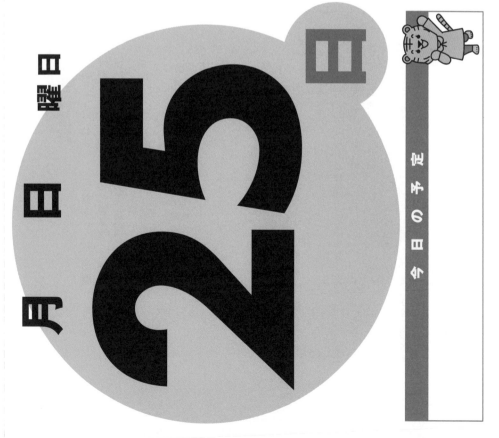

Q 理科 節足動物

次の［ア］～［サ］にあてはまることばや数字をそれぞれ答えなさい。

(1)　こん虫類の体は，［ア］，［イ］，［ウ］の３つの部分に分かれていて，［エ］の部分に足が［オ］本ついている。

(2)　クモ類の体は，［カ］，［キ］の２つの部分に分かれていて，［ク］の部分に足が［ケ］本ついている。クモ類の仲間には，クモの他に，［コ］が，甲かく類の仲間には，エビの他に，［サ］がいる。

A 節足動物

ア　頭部　イ　胸部　ウ　腹部　エ　胸部　オ　6

カ　頭胸部　キ　腹部　ク　頭胸部　ケ　8　コ　ダニ

サ　カニ　（ア・イ・ウ，カ・キ…順不同）

Q 理科 溶解度と濃度

次の［ア］～［ク］にあてはまることばをそれぞれ答えなさい。

(1)　多くの固体は，水温が［ア］ほど，とける量は多くなる。

(2)　気体は，水温が［イ］ほど，とける量は多くなる。

(3)　物質をとかすことのできる限界までとかした水溶液を［ウ］という。

(4)　水溶液全体の重さは，水の重さと［エ］の合計である。

(5)　水溶液の濃度(%)＝$\dfrac{［オ］(g)}{［カ］(g)}\times 100$

(6)　水100 g に食塩25 g をとかした食塩水の濃度は［キ］%である。

(7)　ちがう濃さの食塩水の重さを同じ体積で比べたとき，濃い食塩水ほど［ク］。

A 溶解度と濃度

ア　高い　イ　低い　ウ　飽和水溶液

エ　とけている物質（溶質）の重さ　オ　とけている物質の重さ

カ　水溶液全体の重さ　キ　20　ク　重い

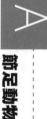

月　日　曜日

24

日

今日の予定

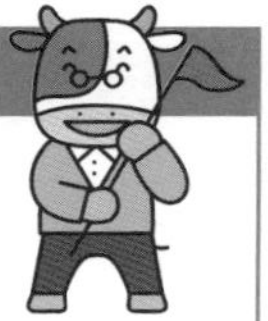

月　日　曜日

8

日

今日の予定

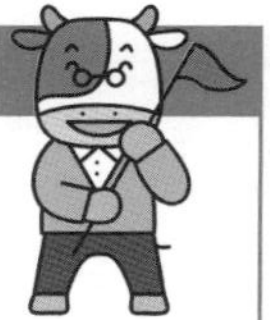

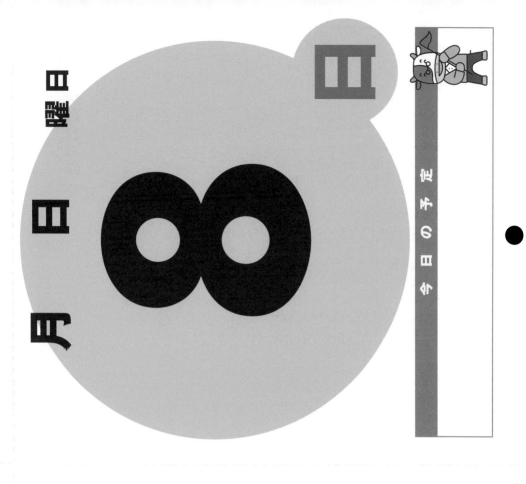

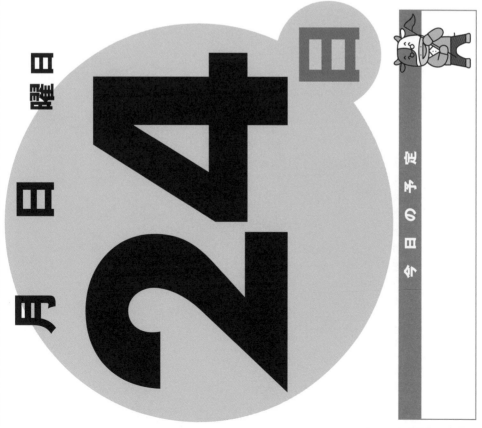

Q 国語

言葉の意味

次の(1)〜(5)の□に最もふさわしい言葉を後から選び、記号で答えなさい。

(1) □君はそう言い張るのだね。

(2) 電車から降りると、□雪がふってきた。

(3) 強風ばかりか、□大雨もふり出した。

(4) みんなは、□好きな花をかかえていた。

(5) 君の意見も□間《ま》違《ちが》っているとは言いきれない。

ア おりしも　　イ てんでに

ウ あまつさえ　　エ あながち

オ あくまで

A

言葉の意味

(1) オ　(2) ア　(3) ウ　(4) イ　(5) エ

Q 国語

対義語・反対語

次の(1)〜(11)の対義語を漢字で書きなさい。

(1) 成功　　(2) 人工

(3) 反対　　(4) 後退

(5) 子孫　　(6) 肉体

(7) 消費　　(8) 現実

(9) 総合　　(10) 田舎

(11) 複雑

A

対義語・反対語

(1) 失敗　(2) 自然（天然）　(3) 賛成　(4) 前進

(5) 先祖（祖先）　(6) 精神　(7) 生産　(8) 理想

(9) 分析　(10) 都会　(11) 単純

月　日　曜日

23

日

今日の予定

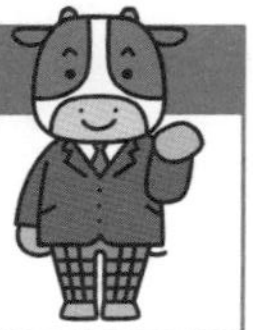

月　日　曜日

7

日

今日の予定

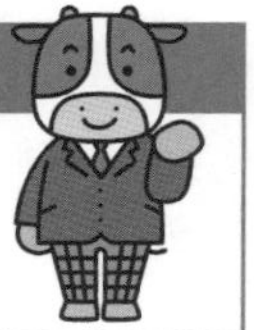

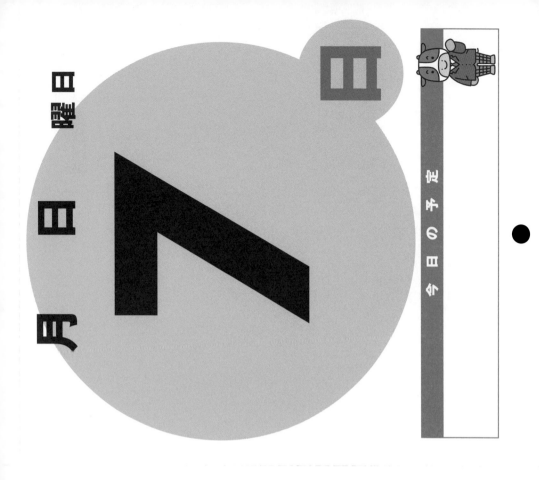

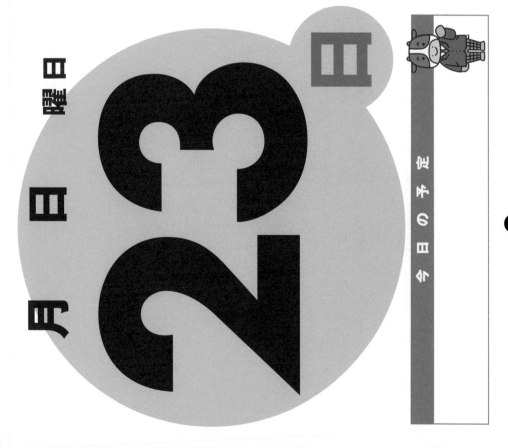

Q 算数 旅人算

次の問いに答えなさい。

(1)　A君が分速60mで出発してから10分後にB君が分速75mでA君を追いかけます。B君は出発してから何分後にA君に追いつきますか。

(2)　A君は分速100m，B君は分速90mで歩きます。2000m離《はな》れた甲乙《こうおつ》両地点から，A君は甲から乙に向かって出発し，その１分後にB君は乙から甲に向かって出発すると，２人が出会うのはB君が出発してから何分後ですか。

A 旅人算

(1)　40分後　(2)　10分後

Q 算数 求積の工夫《くふう》

次の図の斜線《しゃせん》部分の面積を求めなさい。※円周率は3.14とします。

(1)

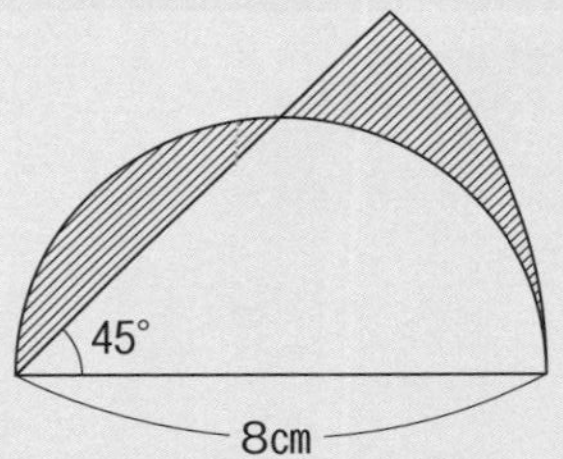

半円とおうぎ形

(2)

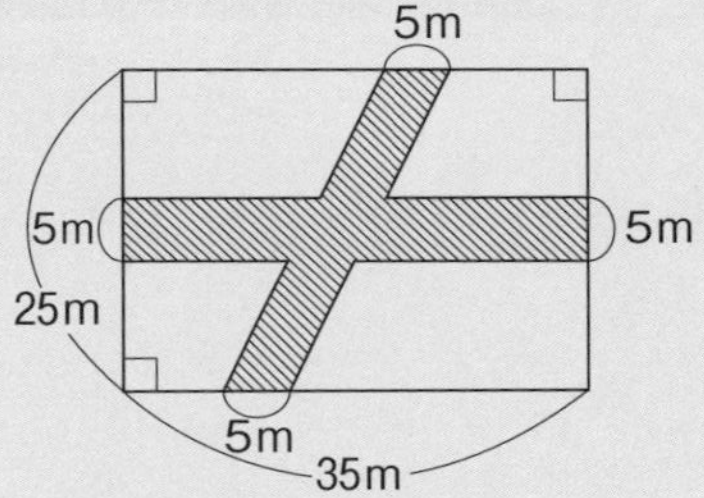

A 求積の工夫《くふう》

(1)　9.12cm²　(2)　275m²

月　日　曜日

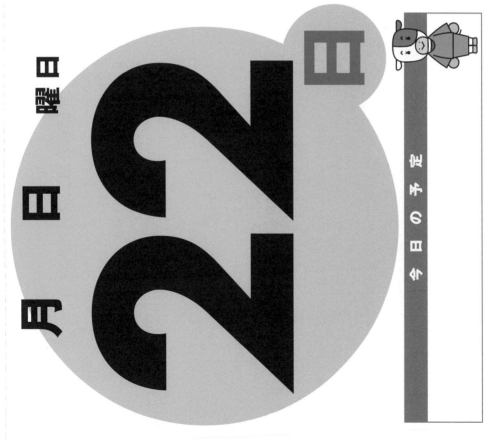

22

日

今日の予定

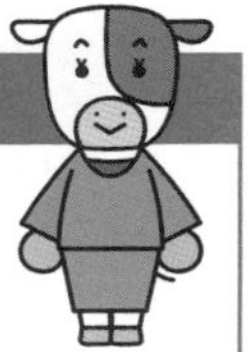

月　日　曜日

6

日

今日の予定

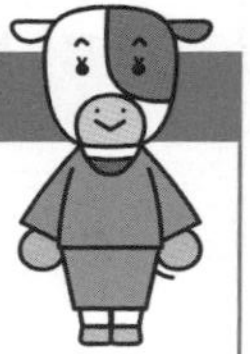

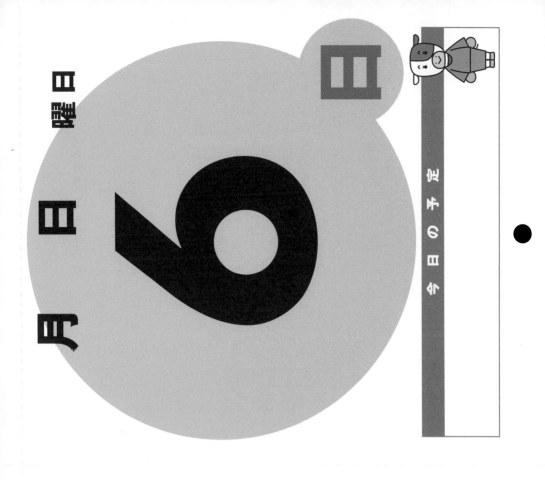

社会 戦後の民主化と朝鮮《ちょうせん》戦争

次の文中の[ア]～[ス]にあてはまることばをそれぞれ答えなさい。

(1) 日本が無条件降伏《こうふく》すると，[ア]を最高司令官とするGHQが日本を管理するようになりました。[イ]は解散させられ，軍国主義者は公職追放されました。また，1925年に制定《せいてい》された[ウ]も廃止《はいし》されました。

(2) 戦後の民主化の中でも経済《けいざい》の民主化といわれるものは，[エ]と[オ]です。[オ]によって多くの[カ]が自作農となり，生産意欲《いよく》が増しました。

(3) 1950年に[キ]がおこると，日本の防衛のために今の[ク]のもととなる警察《けいさつ》予備隊がつくられました。また，日本の独立が早められ，1951年には[ケ]首相《しゅしょう》が出席して[コ]で平和条約が結ばれました。

(4) 首相の[サ]は，1956年にソ連との国交回復を行い，同年日本の国連加盟《かめい》もはたしました。

(5) 首相の[シ]は，1972年「この島の問題が解決されないかぎり，日本の戦後は，終わらない。」といって，[ス]を成しとげました。

A 戦後の民主化と朝鮮《ちょうせん》戦争

ア マッカーサー　イ 軍隊　ウ 治安維持法《ちあんいじ》　エ 財閥《ざいばつ》解体
オ 農地改革《かいかく》　カ 小作農　キ 朝鮮《ちょうせん》戦争　ク 自衛隊
ケ 吉田茂《よしだしげる》　コ サンフランシスコ　サ 鳩山一郎《はとやまいちろう》
シ 佐藤栄作《さとうえいさく》　ス 沖縄返還《へんかん》

社会 世界恐慌《きょうこう》と第二次世界大戦

次の文中の[ア]～[シ]にあてはまることばをそれぞれ答えなさい。

(1) 1929年，[ア]がおこり，世界中が不景気となりました。ドイツでは[イ]が，イタリアではムッソリーニが政権《せいけん》をとって全体主義の傾《けい》向《こう》が強まりました。

(2) 1932年に海軍の青年将校《しょうこう》たちは首相官邸《しゅしょうかんてい》をおそって，[ウ]を暗殺しました。これを[エ]といいます。これによって1918年以後続けられてきた[オ]は終わりをつげました。また，1936年には陸軍の一部の部隊が首相や大臣をおそって，一時東京の中心部を占領《せんりょう》しました。これを[カ]といいます。この2度の事件によって，日本の政治は[キ]ににぎられました。

(3) 1937年には，[ク]郊外《こうがい》の盧溝橋《ろこうきょう》事件をきっかけに[ケ]が始まりました。そして，その年の末，[コ]は日本軍によって占領されました。

(4) 1939年，ドイツが突然《とつぜん》[サ]に侵入《しんにゅう》したことから，[シ]が始まりました。

A 世界恐慌《きょうこう》と第二次世界大戦

ア 世界恐慌《きょうこう》　イ ヒトラー　ウ 犬養毅《いぬかいつよし》　エ 五・一五事件
オ 政党《せいとう》政治（政党内閣《ないかく》）　カ 二・二六事件　キ 軍部
ク 北京《ペキン》　ケ 日中戦争　コ 南京《ナンキン》　サ ポーランド
シ 第二次世界大戦

月　日　曜日

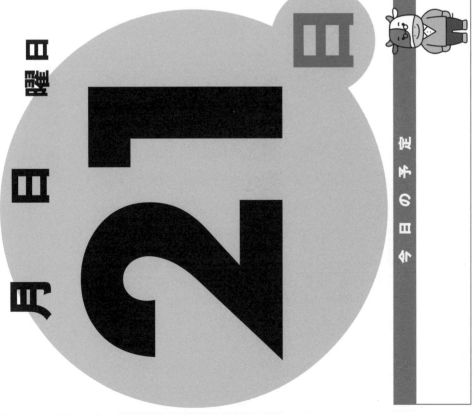

21日

今日の予定

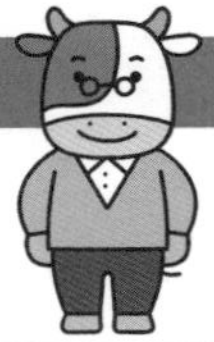

月　日　曜日

5日

今日の予定

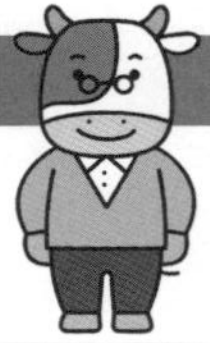

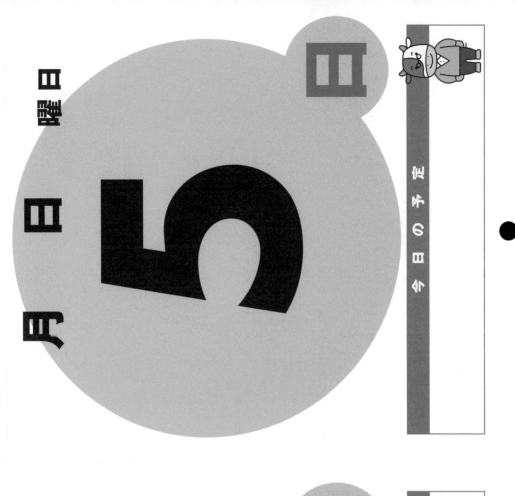

Q 理科 月の動きと原理

次の(1)〜(7)にあてはまる月を下の㋐〜㋔から選びなさい。

(1)　夕方，東の空からのぼってくる。
(2)　夕方，南西の空に見える。
(3)　明け方，東の空からのぼってくる。
(4)　真夜中，西の空にしずむ。
(5)　正午ごろ，西の空にしずむ。
(6)　日食がおこるときの月。
(7)　月食がおこるときの月。

㋐　新月　㋑　満月　㋒　上弦の月　㋓　下弦の月
㋔　三日月

A 月の動きと原理

(1) ㋑　(2) ㋔　(3) ㋐　(4) ㋒　(5) ㋓　(6) ㋐
(7) ㋑

Q 理科 地層の成因

次の［ア］〜［エ］にあてはまることばをそれぞれ答えなさい。

(1)　地層は主に，川の流れによって運ばれた土砂や，火山活動によって噴き出した火山灰などが［ア］してできる。
(2)　地層は，外からの要因によってさまざまに変化する。圧力を受けて曲がってしまった地層を［イ］といい，急激に引っ張られたり，押されたりすることで，切れてずれてしまった地層を［ウ］という。
(3)　また，［エ］は，地層が一度地上でしん食された後，ふたたび水中で地層がたい積してできる。

A 地層の成因

ア　たい積　イ　しゅう曲　ウ　断層　エ　不整合

月　日　曜日

20日

今日の予定

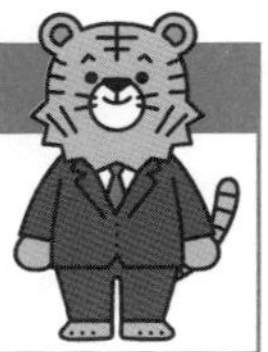

月　日　曜日

4日

今日の予定

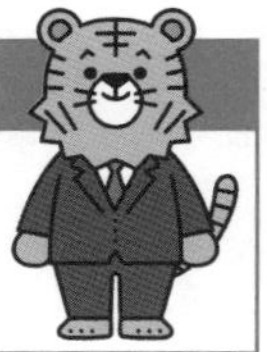

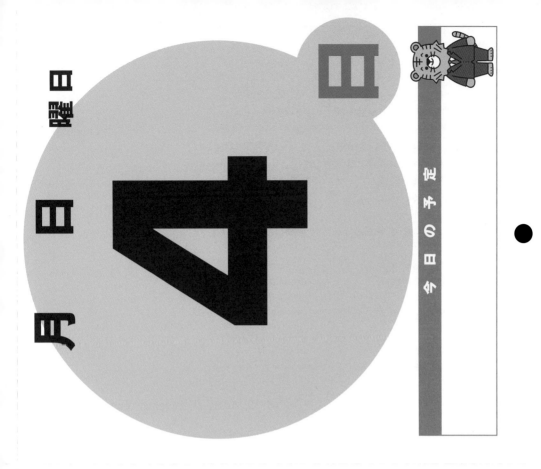

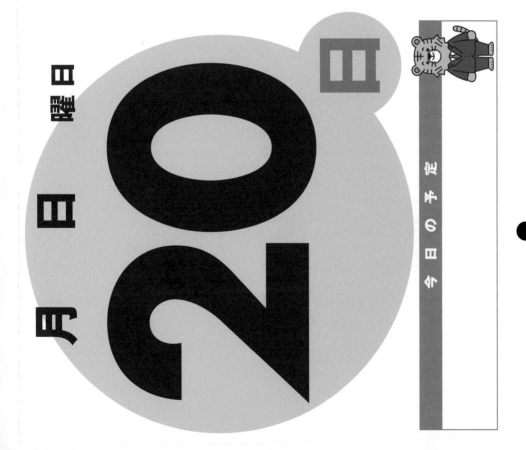

Q 国語 **慣用句**

次の①〜③の（　）にあてはまる適当な言葉をあとからそれぞれ一つずつ選んで、記号で答えなさい。

① うまくいっているのに（　）ようだが、こんな欠点もありはしないか。

ア 水に流す　イ 水ももらさぬ
ウ 水をあける　エ 水を差す

② 同じ失敗を経験しているだけに（　）話だ。

ア 身に余る　イ 身につまされる
ウ 身をけずる　エ 身を入れる

③ 演技のあまりのすばらしさに、いっしゅん（　）。

ア 息をころした　イ 息をついた
ウ 息をつめた　エ 息をのんだ

A **慣用句**

①　エ　②　イ　③　エ

Q 国語 **四字熟語**

右の意味に合うように□にあてはまる漢字を入れて、四字熟語を完成させなさい。

(1) 心が公平で正しいこと。
□明正□

(2) ひどく苦しむこと。
□苦□苦

(3) 簡単に人の意見に乗ること。
□和雷□

(4) みんなが同じことを言うこと。
異□同□

(5) すぐに本題に入ること。
□刀□入

A **四字熟語**

(1)　公・大　(2)　四・八　(3)　付・同　(4)　口・音
(5)　単・直

月　日　曜日

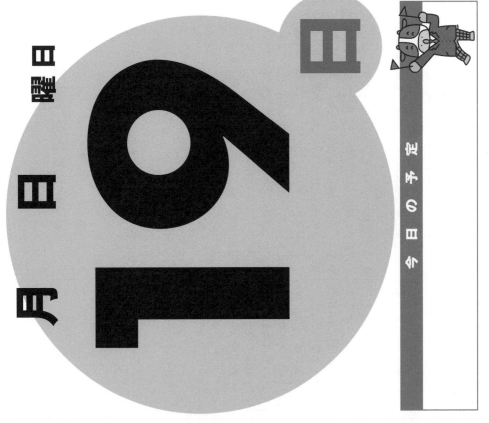

19

日

今日の予定

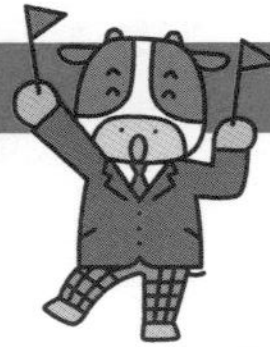

月　日　曜日

3

日

今日の予定

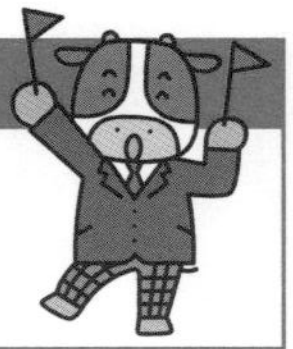

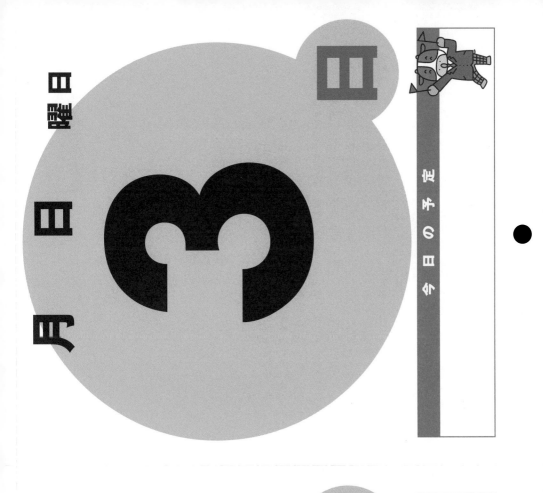

Q 理科 配線と豆電球の明るさ

次の［ア］～［タ］にあてはまることばをそれぞれ答えなさい。

(1) 乾電池を２個，３個，…と直列に増やすと，豆電球を流れる電流の強さは［ア］ので，豆電球の明るさは［イ］なる。また，乾電池から流れ出る電流の強さは［ウ］ので，電池の持ちは［エ］なる。

(2) 乾電池を２個，３個，…と並列に増やしても，豆電球を流れる電流の強さは［オ］ので，豆電球の明るさは［カ］なる。また，乾電池から流れ出る電流の強さは［キ］ので，電池の持ちは［ク］なる。

(3) 豆電球を２個，３個，…と直列に増やすと，豆電球を流れる電流の強さは［ケ］ので，豆電球の明るさは［コ］なる。また，乾電池から流れ出る電流の強さは［サ］ので，電池の持ちは［シ］なる。

(4) 豆電球を２個，３個，…と並列に増やすと，１つの豆電球に流れる電流の強さは［ス］ので，豆電球の明るさは［セ］なる。また，乾電池から流れ出る電流の強さは［ソ］ので，電池の持ちは［タ］なる。

A 配線と豆電球の明るさ

ア 強くなる　イ 明るく　ウ 強くなる　エ 短く
オ 変わらない　カ 同じに　キ 弱くなる　ク 長く
ケ 弱くなる　コ 暗く　サ 弱くなる　シ 長く
ス 変わらない　セ 同じに　ソ 強くなる　タ 短く

Q 理科 水溶液の性質

次の［ア］～［ケ］にあてはまることばをそれぞれ答えなさい。

(1) 塩酸，酢酸水溶液，炭酸水，ほう酸水は，［ア］性の水溶液である。

(2) 食塩水，アルコール水，さとう水は，［イ］性の水溶液である。

(3) 水酸化ナトリウム水溶液，石灰水，アンモニア水は，［ウ］性の水溶液である。

(4) 塩酸は，水に［エ］という物質がとけた水溶液である。

(5) 石灰水は，水に［オ］という物質がとけた水溶液である。

(6) 赤色リトマス紙の色を青く変え，青色リトマス紙の色を変えないのは［カ］性の水溶液である。

(7) ＢＴＢ液を水溶液に加えたとき，水溶液が，酸性のときは［キ］色，中性のときは［ク］色，アルカリ性のときは［ケ］色に変化する。

A 水溶液の性質

ア 酸　イ 中　ウ アルカリ　エ 塩化水素
オ 消石灰（水酸化カルシウム）　カ アルカリ
キ 黄　ク 緑　ケ 青

月　日　曜日

18日

今日の予定

月　日　曜日

2日

今日の予定

Q 社会 民主政治

次の文中の［ア］～［エ］にあてはまることばや数字をそれぞれ答えなさい。

(1) 大正時代には納税額《のうぜいがく》の制限がない選挙権を獲得《かくとく》することを目的とした［ア］運動がさかんになりました。そして，1925（大正14）年には，［ア］法が制定されて，［イ］に選挙権が認《みと》められ，全人口にしめる有権者の割合《わりあい》は，1919年とくらべて約４倍に増えました。

(2) 1945年に選挙法が改正され，［ウ］に選挙権が認められ，また，年《ねん》齢《れい》も20歳以上に引き下げられました。そのため，1925年のときと比較《ひかく》して，全人口にしめる有権者の割合は約2.5倍に増えました。

(3) 2015年に選挙法が改正され，選挙権は［エ］歳以上に引き下げられました。

A 民主政治

ア　普通選挙　　イ　25歳以上のすべての男子

ウ　婦人（女性）　　エ　18（歳）

Q 社会 日本国憲《けん》法《ぽう》の三原則

次の文中の［ア］～［エ］にあてはまることばや数字をそれぞれ答えなさい。

(1) 平和主義は，日本国憲法《けんぽう》の三原則のひとつで，前文と第［ア］条でのべられています。

(2) 日本国憲法は，「…国権の発動たる［イ］と，武力による威嚇《いかく》又は武力の行使《こうし》は，国際紛争《ふんそう》を解決する手段《しゅだん》としては，永久にこれを放棄《ほうき》する。」そして，その目的を達成するために，「陸海空軍その他の［ウ］は，これを保持しない。国の［エ］は，これを認《みと》めない。」と定めています。

A 日本国憲《けん》法《ぽう》の三原則

ア　9（条）　　イ　戦争　　ウ　戦力　　エ　交戦権

月　日　曜日

17

日

今日の予定

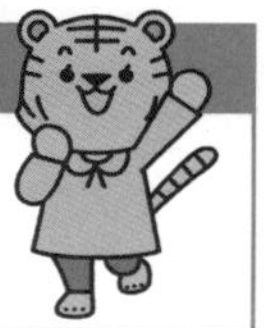

月　日　曜日

1

日

今日の予定

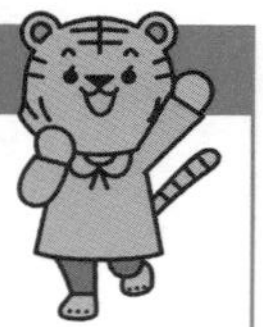

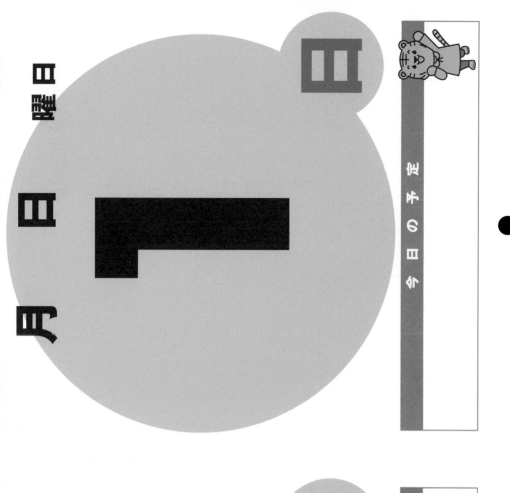

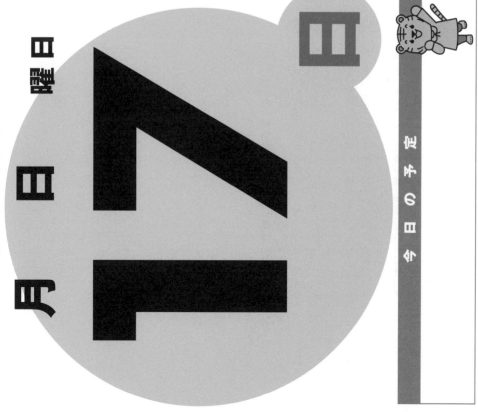

Q 算数 平均算

次の問いに答えなさい。

(1)　ある40人のクラスで国語のテストをしました。男子18人の平均点は78点で，クラス全体の平均点は79.1点でした。このとき，女子の平均点は何点でしたか。

(2)　Ａさんは今までに算数のテストを８回受け，平均点は74点でした。９回目のテストで92点をとったとすると，Ａさんの算数のテストの平均点は何点になりますか。

(3)　Ｂさんは今までに社会のテストを何回か受け，平均点は80点でした。今回のテストで96点をとったので，平均点は82点になりました。今回のテストは何回目のテストですか。

(4)　11，12，13のように，連続する３つの整数があります。この３つの整数の合計が84のとき，最も小さい整数はいくつですか。

A 平均算

(1)　80点　(2)　76点　(3)　８回目　(4)　27

Q 算数 立方体の展開図

４つの面に，ご，う，か，くと書き入れてある立方体があります。下の見取り図は，この立方体を３つの方向から見たものです。また，展開図は，この立方体の展開図で，４文字のうち，２文字までが正しく書かれています。展開図に残りの２文字を向きも考えて書き込みなさい。

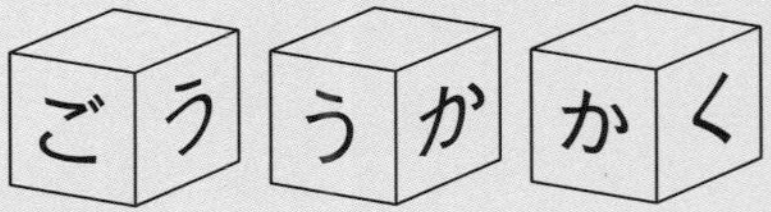

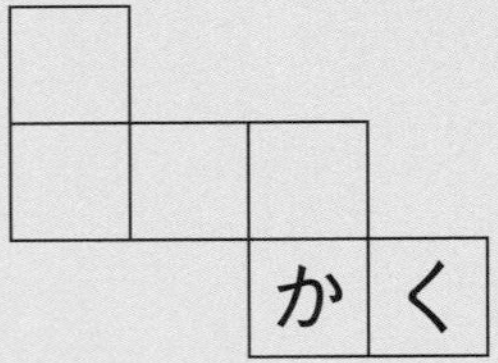

A 立方体の展開図

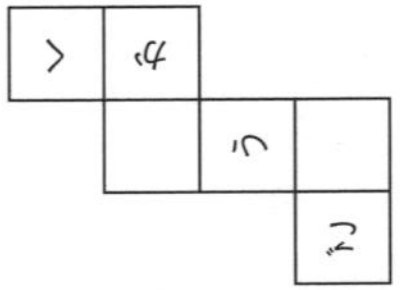

元気に毎日を送っているかな？

入試当日まで、残り約2週間になりました。
風邪をひいたり、けがなどをしていませんか。
入試当日まで、まだ時間はあります！
志望校に合格するための学力も、
これから伸びる可能性が残っています。
最後まで気を抜かずに、元気に入試へ臨みましょう。

月　　日　　曜日

入試当日

ここまでとてもよくがんばったね。いざ、出陣だ！

いよいよ入試の日がやってきました。いまの気持ちはどんなふうかな？
ドキドキしてる？　ワクワクしてる？　緊張してるかな？
今日は、いままでのがんばりを思い出して、
「この学校に入りたい」という気持ちを答案用紙に思いっきりぶつけてくる日です。
大胆に、でも慎重に、入試を乗り越えよう！　私たちはあなたを応援しています。
『進学レーダー』編集部一同

入試日まであと何日?

「入試日逆日めくりカレンダー」の使い方

入試当日までのカウントダウンができるカレンダーです。

これをスケジュール管理やモチベーションの維持にうまく使って、元気に入試を乗り切ろう!

1 まずはとじこみをミシン目に沿って、本誌から切り離そう。

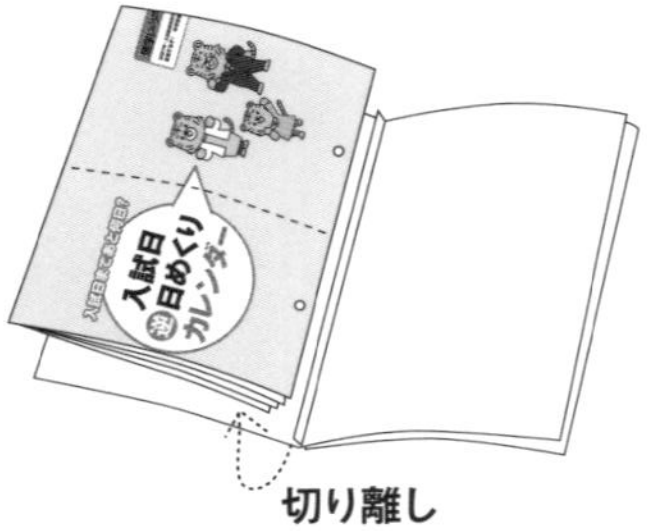

2 真ん中のミシン目に沿って、半分に切り離そう。

3 右側の冊子の一番最後の「入試当日」のページに第1志望校の入試日を書き込もう。そこから日付をさかのぼって、市販のカレンダーを見ながら、左の冊子の31日前まで記入していこう。毎日の予定も書き込めるよ。

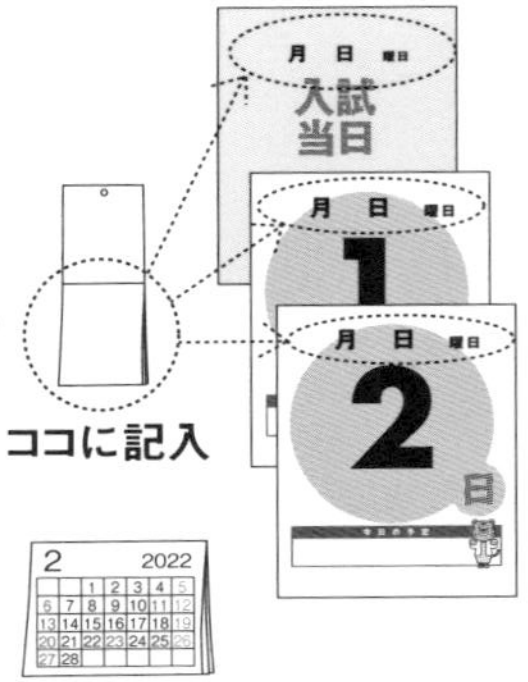

4 左側の冊子を上にして、2冊重ねて壁にかけよう。

5 31日前から、毎日ミシン目に沿って切り離して使おう。

6 裏には、入試前に確認しておきたいチェック問題を掲載（※）。毎日挑戦してみよう!

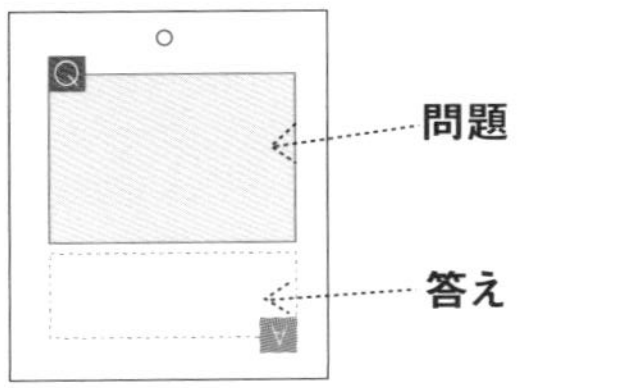

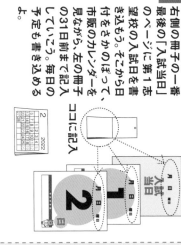

面接合格ガイド

まもなく入試本番を迎えるみなさんの中には、
志望校に面接試験があるという人もいることでしょう。
面接対策には、まずは心の準備が大切です。
ここでは、「これさえおさえておけば大丈夫」という面接の基本を解説します。
面接に関する疑問や不安をすっきり解消して本番に臨みましょう！

CONTENTS

イラスト☆おくやまゆか

面接のキホン

中学入試の面接ってどんなもの？

ここでは、中学受験で面接を行う目的や、どのように行われているのかを紹介します。まずは基本を知ったうえで、わが家なりの対策を考えていきましょう。

Q 面接を行う学校は？

A 減少傾向ですが、それでも3分の1ほどが実施しています。

中学入試は「学力中心」の傾向が年々強まっていて、面接を廃止、簡略化する学校が増えています。特に2021年入試では新型コロナウイルス感染対策のため面接を中止する学校も多くありました。面接結果は「合否にほとんど影響しない」と公表する学校も多いです。それでも首都圏では約3割の学校が面接を実施しています。

Q その目的は？

A 受験生・保護者と先生が気持ちを確かめ合うためです。

いちばんの目的は、受験生・保護者の入学への熱意を確かめることにあります。学校側は、受験生や保護者が、学校の教育理念や校風、教育の中身をよく知り、自分たちに合っていると納得したうえで受験してほしいと思っているので、受験生たちに会って確認したいのです。また直接話すことで、筆記試験ではわかりづらいそれぞれの受験生の長所などを知りたいと考える学校もあるようです。

保護者面接は、家庭と学校が協力して、子どもの成長を支えていけるかどうかを確かめるために行われます。

Q 形式は？

A 面接の形式は大きく4パターンあります。

最も多いのは受験生のみが1名で面接を行う形式。ほかに受験生が3～6名程度のグループで行う形式、受験生と保護者で行う形式、保護者のみなどがあります。

Q 面接でされる質問の内容は？

A 最も大切なのは「志望理由」です。

受験生、保護者ともに「なぜ、その学校に入学したいか」という「志望理由」が最も大事。そのほか、受験生には、「筆記試験」「併願校」「自分」「小学校」「家族」について、保護者には「中学受験を考えた理由」「併願校」「家族」「子ども」についての質問が多いです。

※詳しくは92ページへ

Q 採点方法は？

A 多くの学校は、合否にほとんど影響しません。

多くの学校は、合否にはほとんど影響しないようです。「筆記試験がボーダーライン付近の受験生で、面接結果が良い場合は合格に」という学校はあります。一方、入学の意思が全く感じられないなど「面接結果が極端に悪いと不合格になる」学校もあります。

Q 実施日は？ 2回目の受験でも面接はあるの？

A 「筆記試験当日」の筆記試験終了後が一般的。面接は多くの学校が1回のみです。

ふつうは筆記試験当日の筆記試験終了後に実施しますが、筆記試験の日程より前に行う「事前面接」、後に行う「事後面接」も。

なお複数回入試がある学校を2回以上受験する場合、「面接は1回（初回）のみでOK」という学校がほとんどです。一方で、すべての入試で面接を受けなければならない学校もあるので注意を。

面接の4つの形式はこうだ！

1 受験生個人

一般的なパターン

- 受験生1名
- 面接官1〜2名
- 所要時間3〜5分

いちばん多いパターン。ほとんどが「参考程度」

中学入試の面接でいちばん多い形式です。面接結果については、筆記試験の結果と総合的に判断する学校もありますが、ほとんどの学校では「参考程度」としています。通常、何組かの面接が並行して行われます。順番は、受験番号順であったり、50番ごとで分かれていたりとさまざま。試験会場が違っても、質問などに大きな違いはないようです。

2 受験生グループ

一般的なパターン

- 受験生3〜6名
- 面接官2〜5名
- 所要時間10〜15分

積極的な態度でハキハキと答えよう

よくあるパターンとしては、順番に質問されることが多いですが、質問によっては手を挙げて回答する場合もあるようです。また、始めから受験生全員で話しあうような形で行われることも。

この形式を実施している学校は、積極性や自立心を重視している傾向があり、比較的プロテスタント校に多いといえます。

3 受験生と保護者同伴

一般的なパターン

- 受験生1名
- 保護者1名
（※指示がある学校もあり）
- 面接官1〜3名
- 所要時間5〜10分

受験生と保護者の答えが食い違わないように

特に指示がない限り保護者は1名の出席で大丈夫ですが、「原則として両親」という学校も。両親の出席を指示する学校でどちらか1名しか出席できないときは、「父親が首都圏以外の場所で働いている」など、事情を出願時に申し出ておくといいでしょう。回答が受験生と保護者で食い違って戸惑わないよう、事前の打ち合わせも大切です。

4 保護者のみ

一般的なパターン

- 保護者1名
（※指示がある学校もあり）
- 面接官1〜2名
- 所要時間5分前後

★「受験生個人」または「受験生グループ」と合わせて実施される

家庭の教育方針や親子関係がポイント

この形式も特に指示がない限り、保護者の出席は1名で大丈夫です。この形式は、「受験生のみの個人面接」または「受験生のグループ面接」と合わせて実施されます。受験生と保護者が同席しないので、「志望理由」などについて前もって親子で十分に話しあっておきましょう。保護者面接は特に「家庭の教育方針」などが聞かれます。

面接のキホン

面接ではどんなことに気をつけたらいいの？

面接試験では、形式ごとに異なる注意点、形式を問わず気をつけるべき点があります。それぞれの形式でのポイントをふまえながら、基本の流れを確認していきましょう。

受験生個人面接

一人だから緊張するが、「です」「ます」をつけて大きな声ではっきりと

- 相手の目を見て聞こえやすい声でハキハキと答えよう
- いちばん大切な質問は「志望理由」。なるべく具体的に自分なりにその学校を理解していることを伝えよう
- ウソはダメ！　わからないことは素直に「わかりません」と言えば大丈夫
- 退室するところまで見られている。最後まで気を抜かずに、あいさつをしてから退室しよう

受験生グループ面接

ほかの人の話もよく聞いて、次に自分が話すときに役立てよう

- ものおじせず、ハキハキと答えよう
- 手を挙げて答える場合などは積極的にふるまうと好印象
- 発言している人の話もきちんと聞こう
- 自分が話す番でないときは、口を出さない
- ほかの受験生と質問の答えが同じになっても、「私も同じ理由ですが、〜」などと少しだけ付け加えて、冷静に答えられるようにしておくとよい

受験生・保護者同伴面接

主役は子ども。保護者は出しゃばらず、温かく見守る姿勢が大切

- 子どもが質問されているのに保護者が出しゃばって答えるのはやめよう
- 子どもの失敗も大らかに受けとめて、怒った態度をとらないように
- 保護者が小声で返答の仕方を教えたりするのもダメ
- 子どもの長所など両親が同じ質問をされた場合、違う表現で答えられるとよい
- ふだんから親子で学校のことについて話しておくことが大切

注意

受験生の面接（個人・グループ）の前に、受験生と保護者が合流できないことが多い

面接が筆記試験当日の筆記試験終了後の場合、「受験生個人」と「受験生グループ」では、面接前に受験生と保護者は合流できないことが多いので、注意しよう。

一方「保護者同伴」の場合は、同じ控え室で待機という学校が多く、控え室が別々でも合流する機会があることも。心配なら説明会などで確認しておこう。

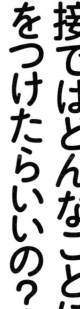

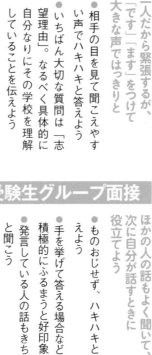

入室から退室までのポイント

マンガ☆田中六大

1 控え室から入室まで

控え室も面接会場だと考え、うるさくせず静かに待ちましょう。面接が終わった受験生をつかまえて内容を質問したりしてはいけません
ここで座って待っていてください
在校生が案内をしてくれることも
名前（受験番号）を呼ばれたらはっきり返事をしましょう
はい
失礼します
コンコン
入室する際は軽く2～3回ノックしてからドアを開け「失礼します」と言って入室します
後ろ手にならないよう、向き直ってドアを閉めます
パタ

2 入室してから着席まで

ドアの前で面接官の先生に軽くおじぎをし、面接官の先生のほうに進みます
面接官の先生の前で受験番号と名前を言ってしっかりとおじぎをしましょう
「どうぞ」と言われてから着席しましょう。椅子の左側から右足を椅子の前に運ぶと座りやすいです
おじぎの仕方
男子
手は指先までぴんと伸ばし、身体の脇につけましょう
女子
手は頭を下げると同時に身体の前にもっていきましょう

3 着席から面接時まで

座り方の基本
男子
背筋を伸ばし姿勢を正します。ひざはこぶし一つ分開けておくかそろえて閉じます。足元は少しだけ開き、手は軽く握って、太ももの上へ
女子
背筋を伸ばし姿勢を正します。ひざや足はきちんとそろえ、手は重ねて太ももの上へ
無理のない範囲でていねい語で話しましょう。いつもより少し大きめの声を心がけてハキハキと、面接官の先生の目を見て質問に答えましょう
ハキハキ
生徒のみなさんがとてもやさしくて学校の雰囲気が……

4 面接終了から退室まで

面接が終わったら椅子から立ち上がり面接官の先生に心をこめてしっかりとあいさつしましょう
ありがとうございました
ドアに向かって歩き、いったんドアの前で先生のほうに向き直り、「では、失礼します」と言って軽くおじぎをします
では失礼します
静かにドアを開閉して退室。退室後も気を抜かず、先生や係の生徒の指示にしたがって静かに戻りましょう

面接はどんな服装で受けたらいいの？

面接の服装は常識をわきまえたものであれば問題ないですが、やはり悩んでしまう受験生親子は多いよう。ここでは先輩親子のアドバイスを参考にした「一般的な服装」をご紹介します。

受験生の服装

受験生の服装は、男子は「セーター」が、女子は「ブレザー」が一般的といわれている。ただ、最も大切なのは清潔感。派手なものは避け「小学生らしさ」を忘れないようにしよう。

あらたまった服装の例

男子 女子 髪の毛

あまり個性的な髪形は控えよう。絶えず髪をかきあげるのはよい印象を与えないため、前髪が目にかからないように。女子は、長い髪は結ぶなどしてきりっとさせておこう

男子 服装

襟つきシャツと紺・グレーなど落ち着いた色のセーターが多く、学校によっては紺などのブレザーも。「ふだんの服装で」といってもジーンズは避けよう。あらたまった服装が多い学校でも、ネクタイを着用する受験生はほとんどいない

一部の伝統校などでは、男子もブレザーが多く、女子もほとんどがブレザーとスカートだが、ふだんの服装でも問題ない。ただし、ほかの受験生と異なる服装にして、そのことが気にかかり集中できないようであれば、多数派に合わせたほうが無難だろう。

女子 服装

紺やグレーのブレザーとチェックのスカートに、白か紺のハイソックスが一般的。襟元にリボンをつける受験生も。派手な模様のソックスは控えよう。筆記試験にはズボン姿で臨み、面接前にスカートなどに着替える受験生もいるが、その時は着替える時間や場所があるかを、あらかじめ調べておこう

男子 女子 靴

男女ともにローファーなど革靴が多いが、清潔なスニーカーでもかまわない。上履きの場合、新品である必要はないが、汚れていないか確認を。雪・雨の日は履き替え用の靴、または汚れを拭く布を用意しよう

面接服を購入する場合は……

卒業式などで着る機会もあり、面接を機に、ブレザーやスカート・ズボンの購入を考えることもあるだろう。デパートでは、ブレザーは10月ごろから出始めるが、一般的なサイズはなくなるのが早く、年を越してからでは手に入りにくくなる。購入するなら、袖丈や裾直しの時間も見込んで早めの準備を。

ラフでいい学校の例

「ラフでいい学校」でも清潔感を心がけて。「あらたまった服装」の場合も同様だが、身だしなみについてのチェックは前日までに済ませておき、入試当日になってから、保護者が受験生に細かなことは言わないほうがいいだろう。

「ふだん着のまま」は避けよう

「ラフな服装」といっても、キャラクターのデザインや派手な色や柄は避け、あまりに「ふだん着」にならないこと。また、シミや汚れに気をつけ、だらしない印象を与えないようにしよう。落ち着いた色合いで、女子はセーターやカーディガンとスカート（ズボン）、男子はトレーナーやセーターとズボンなどが一般的。

保護者の服装

保護者の服装については、「面接の場である」ということが十分理解されたものでさえあれば問題ない。母親はパンツスタイルでも構わないだろう。父親も母親も「控えめ」がキーワード。

父親 服装

紺かダークグレーの、シングルのスーツが一般的。光沢のある生地や金ボタン、色柄のシャツ、派手なネクタイは避けよう

父親 母親 靴

シンプルな型の革靴が望ましく、きちんと磨いておこう。スニーカー、ミュールなどはNG。寒い時期だが、ロングブーツも避けたい

母親 髪の毛

派手な髪形や過度に明るい髪色は控えて、上品で、落ち着いて見えるように

母親 アクセサリー ほか

濃い化粧は厳禁。爪も清潔に切り、派手な色のマニキュアやネイルアート、匂いの強い香水も控えよう。アクセサリー類も華美なものは避けたほうが無難

母親 服装

紺やグレーなど落ち着いた色のスーツが一般的。スーツでなくても、色や柄が派手でなく、きちんとした服装で臨みたい。「ちょっと地味すぎるかな？」と思うくらいでちょうど良い

用意しておくと安心なグッズ

歯みがきセット

お弁当の海苔が歯についていたり、歯に何かがはさまって気になってしまったり、ということも。みがくときは歯みがき粉をたらさないように気をつけて

ソーイングセット

緊張していると、小さなアクシデントにも動揺してしまうもの。「ボタンが取れそう！ 裾がほころびている！」などといった急なトラブルにも、ソーイングセットがあれば安心！

ビニールシート

筆記試験後、面接のために服を着替える受験生もいるが、更衣室が用意されていないケースも多い。そんなときシートがあると便利。服や荷物も置け、汚れずにすむ

学校パンフレット・願書のコピーなど

面接の待ち時間に志望理由などをおさらいしておきたい。緊張して他校の校風などと間違えないように！

鏡・ブラシ・エチケットブラシ

ブラシなどで身だしなみを整えよう。口元が汚れていないか、服にシミはないか、肩に抜け毛がついていないかなど、手鏡でチェックすれば、自信をもって臨めるはず

しみ抜き

面接の前にお弁当を食べていて、うっかり食べたものの汁を飛ばしてしまったときも、しみ抜きを用意しておけばすぐに対処でき、安心して面接に臨める

大きめの袋（バッグ）

コートやマフラーなど、冬の装いはかさばるもの。控え室から面接会場へと移動するときなど、大きな袋やバッグ一つにまとめておけば、持ち運びがスムーズになる

面接では、どんなことを聞かれるの？

面接ではどんな質問をされるのか、不安に思っている受験生親子も多いことでしょう。ここでは一番聞かれる「志望理由」について考え、問答のシミュレーションもしてみましょう。

よくある質問内容　ベスト5

1位　**志望理由**
2位　**入学後の抱負**
3位　**小学校生活のこと**
4位　**自分について**
5位　**筆記試験について**

「志望理由」は、例年、かなり多くの学校ですべての受験生に対して質問している。これ以外では、「家庭学習」「併願校」「学校までの交通経路」などがある

大多数の学校が受験生全員に聞く「志望理由」

学校が面接で一番知りたいのは、「なぜ、この学校を受験したか」という「志望理由」です。どの学校も、教育理念や教育方針をしっかり理解・賛同し、学校とともに歩んでいこうという「入学への意欲」が強い受験生を求めています。それは「志望理由」から判断されるのです。

面接のために志望理由を考える、というのは変な話ですが、面接をきっかけに改めて学校について調べ、ますます理解できるのも事実。第1、第2志望校はもちろん、そのほかの併願校についても、受験生本人も学校のことを知り、気に入ったところを言えるようにしておきましょう。

「志望理由」以外にも受験生は、「入学後何がしたいか」「小学校生

入学願書の志望理由の書き方

❶ 入力（記入）前に下書きをしよう

何の準備もなく、いきなり志望理由を入力（記入）するのは難しいもの。ＷＥＢ出願の場合は事前に文字数を確認し、字数内に収まるように文章をまとめておこう。紙に記入する場合はコピーを取り、下書きしてから本番用紙に記入するといいだろう。

❷ 深く質問されても答えられる内容を

行っていないのに「一昨年、文化祭に行った際は……」などと、ウソを書くのは当然タブー。保護者同伴面接がある場合は、親子で発言内容に齟齬が出ないよう、入力（記入）内容を面接前に再確認しておこう。

❸ 文章がまとまったら細部をチェック

文章をまとめ終えたら、誤字・脱字がないか確認しよう。ＷＥＢ出願の場合は指定字数になっているか、紙の場合は字の大きさやバランスなどもチェック。書いた本人以外の人にも確認してもらうとベスト。

❹ 出願内容をプリントアウトし、面接前に確認

志望理由は、出願前に必ずプリントアウトしておこう。紙の場合もコピーをとっておいて。いずれも面接当日に持って行き、面接前に内容を再確認しておきたい。くれぐれも別の学校の志望理由を答えたりしないよう気をつけて。

活」、保護者は「子どもについて」「教育方針」などが聞かれます。

「志望理由」で強調したいのは「学校の中身」に関すること

具体的な志望理由は、だいたい左の11項目に分けられます。

2021年6月末実施の日能研全国公開模試を受験した6年生（保護者）対象の調査（複数回答）では、志望理由の上位は男女ともほぼ同じで、男女の1位は「交通の便」。これはもちろん、「魅力的な学校でも、通える範囲でなければ選択できない」ということですが、近年は鉄道の相互乗り入れなどで通学圏は広がっています。

男女の2位は「現在の校風」。子どもが大きく成長するために、「子どもに合った雰囲気・環境の学校を選びたい」という強い思いが感じられる結果です。男女の3位は「過去から継承している教育理念・校風」。男女の4位は「大学付属校だから」。大学入試改革への不安から付属校人気はまだ高い状態です。

「志望理由」として、受験生が、校舎・設備、制服、クラブ活動など目に見えるものに注目する一方、保護者は、教育理念や進路指導など子どもの成長に関わることを重視する傾向があります。受験生と保護者とで志望理由が異なるのは不思議ではないので、無理に統一させる必要はありませんが、面接では、どちらか一方だけがその学校を強く志望しているという印象を与えることは避けたいので、注意しましょう。

「出願時」以外に、受験生または保護者が記入するアンケート類を実施する学校も

内容は、「志望理由」のほか、「併願校について」「学習について」などが多く、「受験生の長所と短所」「家庭の教育方針」といった項目も。これらは、面接の資料として利用される場合も多い。

志望理由

強調したい項目

伝統的な校風・教育理念	建学の精神や校風・教育理念に理解・賛同できる受験生・保護者は好印象。特に宗教校は、その宗教に対する理解がなければ充実した学校生活が送りにくい。保護者はしっかり把握しておこう。
現在の校風・教育内容、学校の熱意	建学の精神は不変でも、具体的な教育内容は時代に即して変化する。保護者は、学校の最新の情報を得て、意欲的な取り組みを理解しておくとともに、改革に取り組む熱意にも注目しよう。
クラブ活動・行事・制服など学校生活	参加したいクラブ活動や行事に触れることは、入学後の意欲につながる。保護者が制服を重視することは少ないが、制服の有無や、身だしなみの指導などは教育理念に通ずることも。
親・兄姉・友人	保護者が卒業生だからといって優遇されることはないが、兄姉が在学中、あるいは家族や知人に卒業生がいるということは、その学校をよく理解して入学を望んでいるという一つの証になる。
進路指導・大学合格実績	大学実績を真っ先にあげては中高を単なる通過点と思っている印象を与えてしまう。大学卒業後の先を見据えた進路指導や具体的な教育内容とあわせて答えよう。
施設・設備	理科実験室、体育施設、図書館など充実した施設・設備について十分に調べ、その教育的なねらいを知ることは、学校の教育方針への理解にもつながる。新校舎などの最新情報は必ずチェックを。
男子校・女子校・共学校	男女別学の特色などは、学校訪問した際にも感じておくとよい。共学校化して間もない学校では設備やクラブなども確認。面接では、「男子校だから」などだけでなく良いところを具体的に。
交通の便	交通機関が発達している今日、遠距離でも通学に支障がないという意味で「交通の便」をあげるのは良い。だがまずは教育理念への共感などが第一、「家が近いから」を真っ先にあげるのは控えたい。
合格難易度	志望校決定のとき偏差値は重要な目安になる。でも面接で「偏差値から見て妥当」などというのは当然失礼。同レベルの学校の中でもそこを選んだ理由を。
学費	国公立校の場合、「学費が安い」ことも志望理由になるだろう。私学でも、学費を志望校決定の一つの基準にすることはあるかもしれないが、面接の場ではあえて触れなくてもいい。
その他	午後入試などもあり、「他校と併願をしやすいから」も志望理由の上位にあがってきている。しかし、たとえ志望順位が低くても、面接の場では進学の意思を伝えること。

言い方を工夫したほうがいい項目

どんな質問をされるの？どう答えればいいの？

慣れない面接の場で、とっさに考えをまとめるのは難しいもの。ここではよくある質問と回答例をまとめました。これらを参考に自分なり、わが家なりの答えを考えて。

受験生編

面接ではていねいに話すことは大事ですが、ふだん口にしないような大げさな敬語を使うのは失敗のもと。尊敬の気持ちさえ忘れなければ、小学生らしい話し方で大丈夫です。大きな声でハキハキと答えましょう。

試験について

面接が始まってすぐに聞かれることが多い質問。比較的簡単に答えられるものが多く、受験生の緊張をほぐして、ありのままの姿を見ようとしている。

Q1 受験番号と名前を言ってください

はい。受験番号は●番です。私の名前は○○○○です

●番。○○○○

「です」「ます」をつけ、大きな声で

ほとんどの学校で最初に受験番号と名前を聞かれる。単語だけでなく、「私（僕）は～」とできるだけ主語をつけ、語尾に必ず「です」「ます」を。落ち着いて大きな声ではっきりと答えよう。受験番号は他の学校と間違えないように。

Q2 筆記試験の出来はどうでしたか？

得意なはずの算数で予想以上に手間取ってしまいましたが、自分の力は出し切ったと思います

すっげー楽勝でした。
塾のテストに比べれば、すっごく簡単でした

あせらず、気負わず、正直に

筆記試験の時の様子や出来を問う質問。先生の手元に筆記試験の結果が用意されていることもあるので、思ったことを正直に答えよう。思うように実力が出せなかったとしても、「面接で挽回するぞ」くらいの気持ちで元気に臨もう。

Q3 他にはどこの学校を受験していますか？

受験生　□□中学校と、△△中学校も受験しています
先生　他の学校にも受かったらどうしますか？

どの学校も好きな学校です。どこに進学するかは両親と相談して決めようと思っています

□□中学校（他校）に行きます

私は、はじめてこの学校の文化祭に来た時から、この学校に入学したいと思っていました。他の学校も受けましたが、この学校に入学できたらとてもうれしいです

併願校については、正直に答えてもよい

併願校の質問には、学校側が第１志望校か安全校かを知り、入学辞退者数をつかみたいという意図がある。中学受験では複数校受験するのがふつうなので、正直に答えてよい。どこに進学するかを聞かれたら、第２志望校以下でも進学の意思を表そう。

よい回答例　悪い回答、または、もう少し工夫がほしい回答例

学校について

「この学校に入りたい」という気持ちがどれだけ強いかを確認する質問。「志望理由」に関係した質問や「入学後の意欲・目標」といった質問がよく出るようだ。

Q4 今朝は、どうやってこの学校まで来ましたか?

家からバスで自由が丘駅へ出て、東急線に乗って渋谷駅まで行きました。そこから山手線に乗り換えて目白駅で降り、学校まで歩いて来ました

バスに乗って…駅について…電車に乗ってぇ…乗り換えて…電車を降りて…歩いて来ました

だらだらと続けず、順序だてて話す

「通学ルートを知っているか」だけでなく、簡単な内容をきちんと整理して話せるかを見る質問。できるだけ受験生自身が通学ルートや所要時間を把握しておくこと。また、公共の場でのマナーに関して問われることもあるので日ごろから気にかけておこう。

Q5 どうしてこの学校を受験したのですか?

私は、将来獣医になりたいと思っています。この学校は、理系に進む生徒が多いと聞きました。私もこの学校に入学して、夢をかなえたいと思っています

大学で理系に進む生徒が多いからです

教育方針を知っておく

「志望理由」は、面接で最も重要な質問だ。行事、クラブ、教科教育の特徴などと結びつけて具体的に答えるとよい。自分なりにその学校を理解し気に入っていて、自分の意思で受験しているということを伝えよう。

Q6 この学校を知ったきっかけを教えてください

塾の先生から、先生と生徒が家族のように温かい雰囲気であるところが私に合っていると教えてもらいました。そして授業体験に参加して、先生方や先輩たちに優しく接してもらい、この学校に通いたいと思いました

塾の先生にすすめられました

志望理由や入学後の意欲と関連づけて

学校訪問をした時の学校や在校生の印象とともに「志望校に選んだきっかけ」などもあわせて答えると、本人が積極的に選んだことが伝わる。事前に、その学校を知ってから志望校に選ぶまでを順を追って整理し、「入学後何をしたいか」まで含めて考えておこう。

Q7 入試日以前にこの学校に来たことがありますか?

はい。体育祭で見た騎馬戦の迫力に圧倒されました。最後の大将戦で両チームとも全力で応援していたのを見て、自分もやってみたいと強く思いました

いいえ。事前に来ることは出来ませんでした。学校説明会に参加した母から詳しく話を聞いたり、学校紹介の動画を見て学校の様子を知りました

いいえ。今日初めて来ました

なければ「ありません」でいい。ウソは厳禁

先生方は、学校訪問の経験やその感想から、受験生の熱意や思いを知りたがっている。印象に残ったことなどを簡潔に話そう。受験校には入試前に一度は訪れておくべきだが、訪れたことがなければ、正直に答えよう。

自分について

受験生本人についての質問もよく出る。「学習に対する意欲や関心」のほか、「受験生の人がら」を知るために、「長所や短所」「関心をもっていること」などが聞かれる。

Q8 自己紹介(自己アピール)をしてください

はい。受験番号●番の○○○です。私は3人兄弟の末っ子で中学3年生の兄と2年生の姉がいます。私は、小さいころから空手を習っていたおかげか、身体が丈夫で、風邪もひいたことがないのが小さな自慢です

学習への自主的な姿勢を示す

自己アピールは、自分の何を強調したいかが大事。受験生なら学習に多くの時間を割いているのは当然だが、受験だけの生活という印象を与えないようにしたい。学習は「親が言うから」ではなく、自主的に取り組んでいる姿勢を伝えよう。「好きな科目・苦手な科目」も、入試科目だけでなく小学校のすべての科目から答えよう。理由や自分のがんばりも付け加えるとよい。

Q9 家庭学習にはどのように取り組んでいますか?

学校の宿題は夜遅くならないように、なるべく学校から帰ってからすぐにするようにしています

母から朝、学校へ行く前に漢字と計算練習をするように決められています

Q10 好きな科目と苦手な科目を教えてください

私は、図工が好きで、特に絵を描くことが好きです。苦手な科目は算数で、計算が遅いので、問題集などで練習問題をがんばっています

塾のテストでは、社会科の成績が良かったです

Q11 将来の夢を教えてください

私は、物語を考えたり絵を描いたりすることが好きなので、マンガ家になりたいです

マンガ家です

「なぜ、なにを、どのように」を簡潔に

6年生ではまだ具体的な夢や趣味がない人が多いのは先生方もわかっているので、大まかな願望や興味でも大丈夫。大切なのは「何が好きか」ではなく、その理由や具体的なものをきちんと説明できることだ。

Q12 あなたの長所と短所を教えてください

私は友達から、きちんとしていると言われたことがあります。でも自分では、細かいところを気にし過ぎると思っています

エピソードなどを交え、具体的に

性格などの質問は、自分自身をどれだけ客観的に見ることができるかを確かめるもの。なぜそう思うのか、さらに深く質問されることもあるので、実際にあったことなどのエピソードを交えながら具体的に答えよう。

よい回答例　悪い回答、または、もう少し工夫がほしい回答例

小学校について

ここで聞きたいのは、「充実した小学校時代を過ごしたか」「学校生活に意欲的に取り組んできたか」など。さまざまな活動をとおして「内面的にいかに成長したか」を伝えよう。

Q13 小学校生活で、いちばん印象に残っていることは何ですか?

5年生の時に、クラス対抗のサッカー大会で優勝したことです。みんなで考えた作戦どおりに動けたので、すごくうれしかったです

特にありません

協調性・積極性などを見る

これらの質問では、興味関心だけでなく集団生活の中での指導力、協調性、積極性などを見ようとしている。周りと協力したことや、その経験をとおして自分が学んだことなどを、理由とともに具体的に話せるとよい。

Q14 クラブ活動は何に入っていますか?

私は、絵を描くことが大好きなので絵本クラブに入っています。毎年、クラブの作品集をまとめていますが、卒業までにもう一冊出すので、入試が終わったら急いで取りかかります

家族について

家族間のコミュニケーションの様子を知るための質問。「家族の一員としての自覚」を持っているかがポイント。特にカトリック校でよく聞かれるよう。

Q15 家ではどんなお手伝いをしていますか?

5年生までは夕食後の食器洗いが私の担当でした。受験の間はしませんでしたが、終わったらまたしたいと思います

特に決められてはいませんが、ペットの世話をしたり…
(実際にはやっていない)

先生 どんな世話ですか

えーっと……

"ウソ"の答えはすぐにわかる

家の手伝いについての質問は女子校に多い。ふだんから取り組んでいることを答えるのがよいが、何もしていない場合は、「受験の間はしませんでしたが、これからはたくさんお手伝いしようと思っています」などと付け加えて。

Q16 お父さん、お母さんはどんな人ですか?

父は歴史が得意で、面白い歴史の本を買ってきてくれたり、問題を出し合ったりしています。母は前向きな性格で、テストの成績が悪く私が落ち込んでいた時に、出来たところをほめて励ましてくれました

父はサラリーマンで、母は専業主婦です

家庭での親子関係が問われる

この質問では、親子関係の様子を見ようとしている。職業などを答えるよりも、自分との関わりや家族関係の中での「好きなところ」「よいところ」などをあげよう。ふだんあまり意識しないことなので、事前にどう答えるか考えておくといいだろう。

保護者編

保護者の場合、ポイントは学校の教育理念への理解と賛同、家庭の教育方針。保護者としての考えをしっかりと話せるようにしておきましょう。もちろん受験生と意見を確認しあっておくことも大切です。

受験について

中高一貫校を選んだ理由を確認。どんな取り組みに賛同し、子どもをどう育てたいかにつながる重要な質問だ。「受験準備について（塾でのこと）」の質問も多い。

Q1 なぜ、中学受験しようと考えましたか？

（よい回答例）中学受験では、子どもに合った学校を選ぶことができると思いました。また、目標に向かって努力することも学んでほしいと思いました

（悪い回答例）私学は大学受験の指導がしっかりしているので、いい大学へ進学してほしいと中学受験を決めました

中学・高校を大学への通過点にしない

中学受験を決めた理由の一つとして、「私学の大学進学実績の良さ」をあげる保護者は多いが、面接の場でそれをいちばんにあげるのはよくない。「教育環境の良さ」「その結果としての子どもの成長」などその学校だからこそ得られるものを答えること。

Q2 お兄さんと同じ学校を選ばなかったのはなぜですか？

（よい回答例）兄が通う□□学園の教育もすばらしいのですが、弟の○○には、御校の自立心を養うという教育方針が合っていると思いましたし、息子自身も御校を強く志望しておりましたので

（悪い回答例）兄に比べて偏差値が伸び悩みましたので、同じ学校を志望するのは無理だと考えました。子どもの実力に、ちょうどよいと思ったからです

他校を悪く言うことは望ましくない

受験校の決定には、学力以外にも、家庭の教育方針などさまざまな要素が関わってくる。何か事情があったとしても、「選ばなかった理由」より「選んだ理由」を押し出すことで入学への強い意思を表そう。また、他校を悪く言うことは極力避けたい。

学校について

「なぜその学校なのか」がテーマ。志望校選択において、家庭内で意見が一致しているかが聞かれる。親子とも学校を十分理解して決めたということを伝えよう。

Q3 どうしてこの学校を受験したのですか？

（よい回答例）学校説明会で校長先生のお話をうかがい、教育への熱意を感じました。また、自由ななかにも規律を重んじる方針に共感いたしました

（悪い回答例）子どもの実力にちょうどよいと思ったからです

Q4 本校の理念・校風をご存知ですか？

（よい回答例）はい。従順・勤勉・愛徳が校訓だとうかがっております。娘にもその校訓に従って心を育んでいってほしいと思っております

漠然とではなく、具体例をあげる

学校は、自校のことをよく知って受験してほしいと願っている。具体的なポイントをあげて、「教育理念や校風をよく理解したうえで子どもを預けたい」という思いを伝えよう。親子ともに希望しているということも加えるとよい。面接官は、学校に対する理解および態度で志望の強さを見ているので、面接には、最低限、学校名の由来や教育理念・校訓について調べて臨もう。また、学校行事への参加の意思などを聞かれた場合には、学校への協力姿勢を表すこと。

よい回答例　悪い回答、または、もう少し工夫がほしい回答例

Q5 この学校に期待していることは何ですか？

生徒の自主性を重んじる校風のなかで、自分で考える人間に成長してほしいと思っています

併設大学の医学部に進学できることです

入学への意思を込めて具体的に

この質問は志望理由と重なるが、「入学後への期待」はその学校の教育内容と深く関わるので、教育理念や校風の理解が欠かせない。家庭の教育方針と関連づけて答えよう。大学付属校の場合、推薦進学のみを入学の目的とせず、大学生活まで含めた大きな視点で。

Q6 わが校はキリスト教に基づく教育を行っていますが、ご存知ですか？

私自身は信者ではありませんが、キリスト教の愛をもって人に奉仕する心は、大切なものと考えています。ですから、子どもにはキリスト教による教育をしていただくことについて、まったく異存はありません

私自身は信者ではありませんし、キリスト教についてもよくわからないので、学校の方針に従います

わからないなりに理解を示す

ミッション系の学校では、これを聞かれることもある。信仰の有無は気にしなくてよいが、学校が行う宗教教育や行事への理解は必要。自分なりに理解した宗教教育の長所、それに基づく教育に賛同する旨を伝えよう。「保護者自身がミッション校出身」などの関わりがあればそれを伝えても。

子ども・家族について

子どもについては、子どものことをどの程度把握しているか、家族については、親子のコミュニケーションや保護者が子どもをどう育てていきたいかが問われる。中学入学後、学校と協力して子どもを育てていく姿勢も見せよう。

Q7 通知表にある、出席停止の理由は何ですか？

4年生の時の出席停止はインフルエンザに伴うもので、5年生の出席停止は祖母の死による忌引きによるものです

通知表の記載は正直に答える

通知表や調査書の出欠状況について質問されることも。欠席が多い場合も正直に説明し、学校生活に支障がない旨を伝えよう。何年か前のことも答えられるよう事前に確認しておくとよい。

Q8 お子さんの長所と短所を教えてください

○○の長所は、明るく朗らかなところだと思います。短所は、少しわがままなところがあったのですが、最近は妹の学習を見てあげるなど、兄らしいところをみせるようになりました

長所は自慢でなく、短所は控えめに

子どもの性格を推しはかるだけでなく、親が子どもをどのように理解しているかも見ている。具体例をあげつつ、長所は自慢になり過ぎず、短所はどう克服しようとしているかも付け加えて。

Q9 家庭でのしつけで大切にしていることは？

○○に言い続けているのは、「親しき仲にも礼儀あり」です。親子や兄弟でも、あいさつや言葉遣いは大切だと思います

のびのび育ってほしいので、特にしつけは意識していません

家庭の教育方針や子育ての姿勢を見る

学校は、どのような教育方針で子どもに接してきたかを知りたがっている。子どもの教育に関心がない、あるいは消極的に見える家庭では、不安に思われるだろう。逆に子育てや教育についての持論を滔々と述べることも避けたい。

実技のキホン

実技試験ってどんなもの?

Q 実技を行う学校は?

A 首都圏では4校程度です。

首都圏の2021年入試で実技試験を行ったのは、私立では慶應義塾の3校（●慶應義塾普通部、◐慶應義塾湘南藤沢、◐慶應義塾中等部）と、国立大学附属校の▲◐東京大学教育学部附属など。慶應3校はともに体育実技を実施。

Q 何を見られるの?

A 科目ごとの能力よりも、課題に対して真剣に取り組む姿勢。

実技試験では、個別の科目に対する能力を見るというより、与えられた課題に対して真剣に取り組んだかどうかも判断基準になるようです。例えば慶應3校は、事前の説明を集中して聞き、理解してきちんと実行できるかも判定ポイント。着替えや移動時など実技をしていないときの態度も見られていることを意識して、キビキビと。

Q 対策は?

A 特別な練習は不要です。小学校の授業を大切に。

事前に練習や準備をする必要はありません。運動が苦手で体育実技が不安なら、なわとびやボールのパスなどに慣れておくとよいでしょう。

Q 体育実技の具体的な内容は?

A 主に下記の8項目をいくつか組み合わせる場合が多いです。

体育実技試験の例

マット運動

マットを使った基本運動。前転、後転など小学校で行うものがほとんど。苦手でも前向きに挑戦しよう。

ハンドボール投げ

基本運動の「投げる」動作の実技。バレーボールを使ったり、係の在校生とパスをさせるケースもある。

跳び箱

基本運動のひとつ。何段跳べるかより、真剣に跳ぼうという姿勢が大切。各受験生に合った高さを選べる学校も。

なわとび

基本運動のひとつ。前跳び、後ろ跳び、二重跳びなどが課されるが、見られるのは一生懸命に取り組む姿勢。

お手玉拾い

シャトルランの変型。走って行って取ったお手玉を、はみ出させず枠の中にきちんと入れることがポイント。

シャトルラン

カラーコーンの間など決められた区間を往復して走ることが多い。ほかの運動と組み合わせて課されることも。

ジグザグドリブル

ドリブルは手または足で行う。たとえボールを逃がしたりしてしまっても最後までやりきることが大事。

反復横跳び

基本運動だが、基準線の外側に手をつきながら跳ばせたり、ほかの運動と組み合わせて課せられることも。

実技試験のポイントは、失敗をおそれず真剣に取り組むこと。面接と同じように、気持ちのよいあいさつとまじめな態度が好印象を与えます。自分なりに一生懸命取り組みましょう。

●男子校、◐共学校、▲国立大学附属校

“喜びの声”大募集！

進学先が決まった喜びを『進学レーダー』に送ってね。
みんなの感動の声を待ってるよ！
詳しい応募方法は裏面も見てね。

両面の必要事項をご記入のうえ、点線で切り取り、そのまま投函してください（切手不要）。

郵便はがき

料金受取人払郵便

渋谷局承認

181

差出有効期間
2022年9月
30日まで
●切手不要

150-8790

211

渋谷区恵比寿西2-3-14
㈱みくに出版
『進学レーダー』編集部
2021年入試直前特別号
“喜びの声”係　行

フリガナ			
保護者 ご氏名		お子さまの お名前	男・女
ご記入者	父・母・受験生本人 その他（　　　）	小学校	〔国・公・私〕立小　　年
		通塾名	
ご住所	〒　　－　　　TEL.（　　）　－		

◆受験生にご兄弟がいらっしゃいましたら、学年をお教えください。
兄・姉（　　　　）中・高（　　）年　弟・妹（　　）年
兄・姉（　　　　）中・高（　　）年　弟・妹（　　）年

◆『進学レーダー』を購入したことはありますか？
1.初めて　2.数カ月に1度　3.毎号買う　4.定期購読

◆『進学レーダー』を知ったきっかけは何ですか？（複数回答可）
1.書店で　2.塾の先生のすすめ　3.チラシ　4.進学レーダープラス
5.雑誌・新聞などの広告を見て（媒体名：　　　　）6.口コミで
7.みくにWebShopを見て　8.その他のホームページやブログを見て　9.その他（　　　）

◆編集部からの取材にご協力いただけますか？
1.協力する（写真掲載　可・不可）　2.電話ならよい　3.アンケートならよい　4.遠慮する

読者のみなさんの“喜びの声”を大募集

合格して進学する学校が決定したら、その喜びを『進学レーダー』にお送りください。

みなさんの“喜びの声”が来年以降の入試に臨む受験生親子の励みになります。

思い出のエピソードと一緒に思い出グッズや合格発表時のお写真などもお送りください（お写真は後日返却いたします）。


ハガキをお送りいただいた方の中から、抽選で30名様に図書カードをプレゼント！（2022年３月22日〈火〉必着）　当選の発表は、発送をもって代えさせていただきます。

両面の必要事項をご記入のうえ、点線で切り取り、そのまま投函してください（切手不要）。
※ご記入いただいた内容は、今後の企画内容の充実のために活用させていただきます。
個人情報は、プレゼントの送付や弊社および関連会社の商品情報のご案内に利用させていただくことがあります。

● 合格おめでとうございます ●

進学決定校	中〔　月　日 午前/午後〕合格

進学先以外の受験校（志望順）		
	中〔　月　日 午前/午後〕	合格・不合格
	中〔　月　日 午前/午後〕	合格・不合格
	中〔　月　日 午前/午後〕	合格・不合格
	中〔　月　日 午前/午後〕	合格・不合格
	中〔　月　日 午前/午後〕	合格・不合格

○印で囲んでください。

喜びの声・エピソード・ご感想などをお聞かせください

本誌“読者ページ”での掲載　［可・不可］　ペンネーム（　　　　　　　　　　）

＊ご協力ありがとうございました。

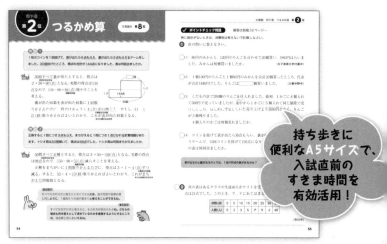

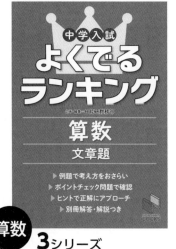

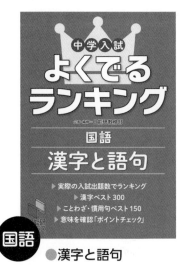

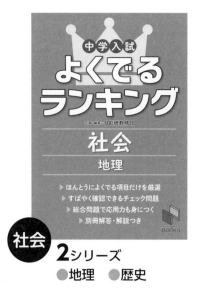

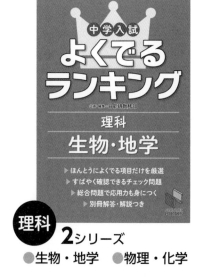

店[市原市]ACADEMIAちはら台店[木更津市]精文館木更津店／木更津多田屋[成田市]未来屋成田／くまざわ公津店[茂原市]蔦屋茂原店[君津市]博文堂君津

埼玉県

[さいたま市]紀伊國屋浦和パルコ店／須原屋本店／須原屋コルソ店／押田謙文堂／紀伊國屋さいたま新都心店／ジュンク堂大宮高島屋店／ブックファースト ルミネ大宮店／三省堂大宮店／くまざわ宮原店／成文堂南浦和店／書房すみよし丸広南浦和店／須原屋武蔵浦和店／くまざわ東浦和店／旭屋イオンモール浦和美園店／Book Depot書楽／未来屋与野／一清堂／くまざわ浦和美園店[川口市]文教堂川口駅店／紀伊國屋そごう川口店／くまざわララガーデン川口店／須原屋アリオ川口店／未来屋川口／文教堂東川口店／須原屋川口前川店[戸田市]明文堂TSUTAYA戸田／未来屋北戸田[草加市]高砂ブックス／よむよむ草加谷塚駅前店／文真堂ホームズ草加舎人店[久喜市]くまざわ鷲宮店／蔦屋フォレオ菖蒲店／ACADEMIA菖蒲店[三郷市]KaBoSららぽーと新三郷店／宮脇書店IY三郷店[越谷市]宮脇書店越谷店／未来屋TSUTAYAレイクタウン／旭屋新越谷店[春日部市]リブロ ララガーデン春日部店[加須市]ブックセンターやまと[羽生市]未来屋羽生[川越市]紀伊國屋川越店／リブロ川越店／くまざわ的場店／ブックファースト ルミネ川越店[朝霞市]文教堂朝霞マルエツ店／宮脇書店朝霞店[和光市]くまざわ和光店[新座市]旭屋志木店[富士見市]リブロららぽーと富士見店[東松山市]リブロ東松山店／丸善丸広百貨店東松山店／リブロ ピオニウォーク東松山店[ふじみ野市]くまざわ ふじみ野店[入間市]紀伊國屋入間丸広店／くまざわ入間店／未来屋入間[所沢市]パルコB.C.新所沢店／リブロ小手指店[熊谷市]戸田書店熊谷店／文教堂熊谷駅店／須原屋熊谷店／蔦屋熊谷店[上尾市]高砂屋PAPA上尾店／いけだ書店上尾店／ブックマルシェ上尾店[桶川市]丸善桶川店[本庄市]蔦屋本庄早稲田店[秩父市]くまざわ秩父店

関東

茨城県[土浦市]未来屋土浦[取手市]くまざわ取手店[守谷市]リブロイオンタウン守谷店[つくば市]TSUTAYA LALAガーデンつくば／未来屋つくば／ACADEMIAイーアスつくば店[水戸市]丸善水戸京成店／川又書店県庁店／未来屋水戸内原[ひたちなか市]リブロひたちなか店[鹿嶋市]オカミ書店[日立市]丸善日立店 **栃木県**[宇都宮市]喜久屋宇都宮店／落合書店東武B.C.／くまざわ宇都宮インターパーク店／落合書店IY店／うさぎやTSUTAYA宇都宮駅東口店[鹿沼市]くまざわ鹿沼店[足利市]くまざわアシコタウン店[下野市]うさぎやTSUTAYA自治医大店[さくら市]ビッグワンTSUTAYAさくら店[那須塩原市]博文堂那須塩原店 **群馬県**[前橋市]Bookman's Academy前橋店／蔦屋前橋みなみモール店[伊勢崎市]くまざわ伊勢崎店 **山梨県**[甲府市]天真堂国母甲府店

北海道・東北

北海道[札幌市]紀伊國屋札幌本店／MARUZEN&ジュンク堂札幌店 **宮城県**[仙台市]丸善仙台アエル店／未来屋名取／くまざわアリオ仙台泉店／蔦屋仙台泉店／紀伊國屋仙台店／TSUTAYAヤマト屋東仙台店／よしのや本間仙台愛子店 **秋田県**[秋田市]ジュンク堂秋田店 **福島県**[福島市]くまざわ福島エスパル店[郡山市]くまざわ郡山店／ジュンク堂郡山店

中部

新潟県[新潟市]紀伊國屋新潟店／未来屋新潟南／ジュンク堂新潟店[長岡市]蔦屋長岡新保店 **石川県**[金沢市]明文堂金沢ビーンズ店[小松市]明文堂小松ツリーズ店／KaBoSイオンモール新小松店 **富山県**[富山市]明文堂富山新庄経堂店／文苑堂富山豊田店 **岐阜県**[岐阜市]大垣書店岐阜高島屋店[各務原市]未来屋各務原 **静岡県**[沼津市]くまざわ沼津アントレ店[富士市]未来屋富士南[静岡市]MARUZEN&ジュンク堂新静岡店[浜松市]谷島屋イオンモール浜松志都呂店／未来屋浜松市野 **長野県**[上田市]くまざわ上田店 **愛知県**[名古屋市]三省堂名古屋本店／紀伊國屋MOZOワンダーシティ店／未来屋新瑞橋／ジュンク堂名古屋栄店／丸善名古屋本店／丸善アスナル金山店／正文館本店／未来屋ナゴヤドーム前／ちくさ正文館本店／らくだ書店本店／丸善イオンタウン千種店／三洋堂よもぎ店／三洋堂いりなか店[日進市]紀伊國屋プライムツリー赤池店[稲沢市]くまざわ稲沢店

近畿

三重県[員弁郡]未来屋東員 **滋賀県**[大津市]大垣書店フォレオ大津一里山店[草津市]ジュンク堂滋賀草津店 **大阪府**[大阪市]ジュンク堂大阪本店／紀伊國屋グランフロント大阪店／紀伊國屋梅田本店／MARUZEN&ジュンク堂梅田店／紀伊國屋京橋店／ジュンク堂天満橋店／旭屋なんばCITY店／紀伊國屋天王寺ミオ店／ジュンク堂上本町店／喜久屋阿倍野店／ジュンク堂近鉄あべのハルカス店／くまざわなんばパークス店／ジュンク堂難波店[豊中市]大垣書店豊中緑丘店／田村書店千里中央店[箕面市]くまざわ みのおキューズモール店[池田市]ブックファースト池田店[吹田市]ブックファースト デュー阪急山田店[高槻市]ジュンク堂高槻店／大垣書店高槻店[寝屋川市]中村興文堂[大東市]ACADEMIAすみのどう店[八尾市]丸善八尾アリオ店[堺市]紀伊國屋泉北店／丸善高島屋堺店[泉南市]未来屋イオンモールりんくう泉南 **京都府**[京都市]アバンティB.C.京都／大垣書店イオンモール京都桂川店／大垣書店イオンモールKYOTO店／大垣書店ビブレ店／丸善京都本店／大垣書店四条店／大垣書店烏丸三条店／大垣書店二条駅店／アバンティB.C.洛北店／未来屋久御山／パピルス書房／大垣書店イオンモール五条店[相楽郡]未来屋高の原 **兵庫県**[神戸市]ジュンク堂三宮店／大垣書店神戸ハーバーランドumie店／喜久屋神戸学園都市店／喜久屋西神中央店／喜久屋神戸南店／ジュンク堂神戸住吉店／メトロ書店神戸御影店[芦屋市]ジュンク堂芦屋店／紀伊國屋加古川店[尼崎市]ふたば書房つかしん店／くまざわ あまがさき店[西宮市]ジュンク堂西宮店／喜久屋西宮東店／くまざわコロワ甲子園店／ブックファースト阪急西宮ガーデンズ店[川西市]紀伊國屋川西店[姫路市]ジュンク堂姫路店／喜久屋花田店[明石市]ジュンク堂明石店 **奈良県**[生駒市]旭屋イオンモール奈良登美ヶ丘店[奈良市]ジュンク堂奈良店

中国

岡山県[岡山市]TSUTAYA BS岡山駅前店／宮脇書店岡北店／啓文社岡山本店／宮脇書店岡山本店[倉敷市]喜久屋倉敷店／宮脇書店ゆめタウン倉敷店 **広島県**[福山市]啓文社ポートプラザ店／フタバ図書アルティ福山本店[広島市]紀伊國屋広島店／丸善広島店／フタバ図書GIGA祇園店／フタバ図書アルティアルパーク北棟店

四国

徳島県[徳島市]紀伊國屋徳島店[鳴門市]宮脇書店新鳴門店 **香川県**[高松市]ジュンク堂高松店 **高知県**[高知市]高知蔦屋 **愛媛県**[松山市]ジュンク堂松山店／新丸三書店本店／宮脇書店イオンスタイル松山店／明屋石井店／明屋MEGA平田店

九州・沖縄

福岡県[北九州市]喜久屋小倉店／B.S.クエスト小倉本店／くまざわサンリブもりつね店[福岡市]ジュンク堂福岡店／TSUTAYAマークイズ福岡ももち店／紀伊國屋福岡本店／丸善博多店／紀伊國屋ゆめタウン博多店[大野城市]積文館大野城店[久留米市]紀伊國屋久留米店 **佐賀県**[佐賀市]紀伊國屋佐賀店 **長崎県**[長崎市]紀伊國屋長崎店／TSUTAYA B.S.みらい長崎ココウォーク **熊本県**[熊本市]紀伊國屋熊本はません店[上益城郡]蔦屋嘉島店[菊池郡]紀伊國屋熊本光の国店 **大分県**[大分市]ジュンク堂大分店／紀伊國屋アミュプラザおおいた店 **宮崎県**[宮崎市]未来屋宮崎[日向市]ブックスミスミ日向店 **鹿児島県**[鹿児島市]紀伊國屋鹿児島店／ジュンク堂鹿児島店 **沖縄県**[那覇市]ジュンク堂那覇店[島尻郡]球陽堂書房サンエー八重瀬店[浦添市]球陽堂マチナト店[中頭郡]未来屋沖縄ライカム／球陽堂書房西原シティ店

電子書店

Fujisan.co.jp/Sony Reader Store/auブックパス/au Wowma!/BookLive!/ebookjapan/ヨドバシ.com/Neowing

●『進学レーダー』バックナンバー常備書店はP104をご覧下さい。

『進学レーダー』は掲載各書店でお求めになれます。

中学受験 進学レーダー 販売書店一覧

紙版:定価1,320円(税込)
電子版:価格1,210円(税込)

編集・発行／みくに出版
〒150-0021
東京都渋谷区恵比寿西
2-3-14
☎03-3770-6930

東京都

[千代田区]丸善丸の内本店／三省堂有楽町店／三省堂神保町本店／丸善お茶の水店／文教堂市ヶ谷店[中央区]丸善日本橋店／八重洲B.C.本店[港区]くまざわ田町店[台東区]リブロ浅草店／くまざわ浅草店[文京区]丸善メトロ・エム後楽園店／文教堂グリーンコート店[北区]文教堂赤羽店ブックストア談／ブックスページワンIY赤羽店／[荒川区]くまざわ南千住店[足立区]くまざわIY綾瀬店／ブックファースト ルミネ北千住店／くまざわ千住大橋店／スーパーブックス竹ノ塚駅前店／駅前の本屋まこと／くまざわ西新井店[葛飾区]ブックスオオトリ四つ木店／第一書林新小岩北口店／第一書林新小岩南口店／大洋堂／キディランド亀有店／文教堂青戸店[墨田区]くまざわ錦糸町店／三省堂東京ソラマチ店／廣文館IY曳舟店[江戸川区]あゆみBOOKS瑞江店／八重洲B.C.IY葛西店／文教堂西葛西店／くまざわ船堀店[江東区]紀伊國屋IY木場店／くまざわ豊洲店／有隣堂ららぽーと豊洲店／丸善有明ガーデン店／有隣堂アトレ亀戸店／福家書店アリオ北砂店／リブロ南砂町S.C.SUNAMO店／未来屋南砂[品川区]未来屋品川シーサイド／有隣堂アトレ大井町店／有隣堂アトレ目黒店／ブックファースト五反田店／文教堂大崎店[大田区]ブックファースト アトレ大森店／くまざわIY大森店／有隣堂グランデュオ蒲田店／ACADEMIAくまざわ東急プラザ蒲田店／くまざわ京急蒲田店／くまざわグランデュオ蒲田店／くまざわ田園調布店[渋谷区]ちえの木の実／有隣堂アトレ恵比寿店／MARUZEN&ジュンク堂渋谷店／文教堂代々木上原駅店／紀伊國屋笹塚店[目黒区]未来屋碑文谷／恭文堂駅前本店／八雲堂／不二屋書店／ブックファースト自由が丘店[世田谷区]あおい池尻大橋店／住吉書房駒沢店／三省堂下北沢店／啓文堂明大前店／三省堂経堂店／三省堂成城店／紀伊國屋玉川髙島屋店／文教堂二子玉川店／TSUTAYA馬事公苑店[新宿区]紀伊國屋新宿本店／ブックファースト新宿店／芳進堂ラムラ店／書原高井戸店／啓文堂久我山店／芳林堂高田馬場店[中野区]ブックファースト中野店／文教堂中野坂上店[杉並区]八重洲B.C.ルミネ荻窪店／啓文堂荻窪店[豊島区]成文堂巣鴨駅前店／旭屋アトレヴィ大塚店／旭屋池袋店／ジュンク堂池袋本店／三省堂池袋本店[板橋区]矢崎書店／文教堂西台店／こみや書店／未来屋板橋／文教堂成増店[練馬区]ブックファースト練馬店／八重洲B.C.石神井公園店／TSUTAYA石神井台店／くまざわ大泉学園店／リブロ大泉店／ジュンク堂大泉学園店／リブロ光が丘店[武蔵野市]ブックファースト アトレ吉祥寺店／啓文堂吉祥寺店／BOOKSルーエ／紀伊國屋吉祥寺東急店／ジュンク堂吉祥寺店／八重洲B.C.IY武蔵境店／文教堂武蔵境駅前店[三鷹市]啓文堂三鷹店[調布市] 啓文堂仙川店／書原つつじヶ丘店／リブロ国領店／くまざわ国領店／真光書店／くまざわ調布店／パルコB.C.調布店[府中市]喜久屋府中店／啓文堂府中本店[小金井市]くまざわIY武蔵小金井店／くまざわ武蔵小金井北口店／TSUTAYA武蔵小金井店[国分寺市]紀伊國屋国分寺店[国立市]増田書店北口店／増田書店[小平市]リブロ花小金井店[西東京市]宮脇書店東京田無店／リブロ田無店[立川市]オリオン書房ルミネ立川店／オリオン書房ノルテ店／ジュンク堂立川髙島屋店／オリオン書房アレア店／未来屋日の出[日野市]未来屋多摩平の森[八王子市]くまざわ京王はちおうじ店／くまざわ八王子店／有隣堂セレオ八王子店／蔦屋南大沢店／文教堂南大沢店／くまざわ八王子南口店／くまざわ八王子みなみ野店／くまざわイーアス高尾店／くまざわ西八王子店／くまざわIY八王子店[町田市]文教堂つくし野東急店／久美堂本店／有隣堂町田モディ店／紀伊國屋小田急町田店／久美堂本町田店／くまざわ町田根岸店／啓文堂鶴川店[昭島市]くまざわ昭島店[あきる野市]文教堂あきる野とうきゅう店[青梅市]文教堂河辺とうきゅう店[東久留米市]未来屋東久留米／宮脇書店東久留米店／野崎書林[清瀬市]飯田書店西友クレア店[羽村市]ブックスタマ小作店[多摩市]くまざわ桜ケ丘店／蔦屋多摩永山店／くまざわ永山店／啓文堂多摩センター店／丸善多摩センター店[稲城市]くまざわ稲城店／コーチャンフォー若葉台店[東大和市]くまざわ東大和店

神奈川県

横浜市[西区]有隣堂横浜駅西口エキニア横浜店／紀伊國屋横浜店／くまざわランドマーク店／丸善横浜みなとみらい店／くまざわマークイズみなとみらい店[港北区]有隣堂トレッサ横浜店／三省堂新横浜店／くまざわ新横浜店／くまざわアピタテラス横浜綱島店／天一書房日吉店[都筑区]ブックファースト モザイクモール港北店／ACADEMIA港北店／蔦屋港北ミナモ店／有隣堂センター南駅店／リブロ港北東急SC店／よむよむ横浜仲町台店／紀伊國屋ららぽーと横浜店[青葉区]有隣堂たまプラーザテラス店／文教堂すすき野とうきゅう店／くまざわ長津田店／文教堂中山とうきゅう店／蔦屋青葉奈良店／ブックファースト青葉台店[鶴見区]ブックポート鶴見店／くまざわ鶴見店[中区]有隣堂伊勢佐木町本店[港南区]八重洲B.C.京急百貨店上大岡店／八重洲B.C. IY上永谷店／精文館下永谷店／浜書房港南台バーズ店／ブックスキタミ港南台店／幸堂[磯子区]住吉書房新杉田店／浜書房サンモール店[金沢区]アシーネ金沢八景／くまざわ能見台店[旭区]くまざわジョイナステラス二俣川店[戸塚区]有隣堂戸塚モディ店／紀伊國屋西武東戸塚S.C.店／BOOKSえみたすアピタ戸塚店[泉区]ブックポート緑園店／文教堂立場店[栄区]カドタヤ小島書店[川崎市]有隣堂アトレ川崎店／紀伊國屋IY川崎店／紀伊國屋武蔵小杉店／住吉書房元住吉店／文教堂新城駅店／住吉書房武蔵中原店／丸善ラゾーナ川崎店／北野書店／文教堂溝ノ口駅前店／文教堂溝ノ口本店／有隣堂新百合ヶ丘エルミロード店／ブックポート栗平店／くまざわ さぎ沼店／住吉書房宮崎台駅前店／KaBoS宮前平店[横須賀市]文教堂横須賀MORE'S店／くまざわ横須賀店／くまざわ久里浜店[大和市]未来屋大和鶴間／くまざわ大和鶴間店／くまざわ大和店／未来屋大和[厚木市]有隣堂厚木店／くまざわ本厚木店／文教堂R412店[海老名市]くまざわ さがみ野店／三省堂海老名店／未来屋海老名／有隣堂ららぽーと海老名店[鎌倉市]アニール／くまざわ大船店／島森書店鎌倉店／文教堂鎌倉とうきゅう店[小田原市]有隣堂ラスカ小田原店／三省堂小田原店／ブックプラザ伊勢治／伊勢治書店ダイナシティ店[藤沢市]有隣堂テラスモール湘南店／くまざわ辻堂湘南モール店／KaBoS藤沢店／ジュンク堂藤沢店／有隣堂藤沢店／くまざわ湘南台店／文教堂湘南とうきゅう店[座間市]紀伊國屋イオンモール座間店[相模原市]有隣堂ミウィ橋本店／ACADEMIAくまざわ橋本店／くまざわ相模原店／中村書店本店／くまざわ相模大野店／ブックファースト ボーノ相模大野店／啓文堂小田急相模原店／未来屋相模原[綾瀬市]くまざわ綾瀬店[茅ケ崎市]川上書店ラスカ店／長谷川書店ネスパ茅ヶ崎店[平塚市]有隣堂ららぽーと湘南平塚店／サクラ書店ラスカ平塚店／サクラ書店高村店／文教堂平塚店[伊勢原市]文教堂伊勢原店

千葉県

[千葉市]三省堂カルチャーステーション千葉店／三省堂そごう千葉店／くまざわペリエ千葉本店／くまざわ蘇我店／未来屋マリンピア／宮脇書店検見川浜店／未来屋幕張／未来屋幕張新都心／幕張蔦屋／くまざわ幕張店／アシーネ千葉長沼／くまざわ稲毛店／文教堂小倉台店／未来屋鎌取／精文館イオンおゆみ野店[松戸市]アシーネ新松戸／くまざわ松戸新田店／学友堂西友店／くまざわ松戸店／喜久屋松戸店／良文堂松戸店[流山市]紀伊國屋流山おおたかの森店／宮脇書店流山店[我孫子市]ブックマルシェ我孫子店[印西市]宮脇書店印西牧の原店／喜久屋千葉NT店[市川市]福家書店市川店／ときわ書房本八幡店／ときわ書房本八幡スクエア店プラスGEO／大杉書店市川駅前店／ブックファースト シャポー市川店／文教堂行徳店[船橋市]旭屋船橋店／ときわ書房IY船橋スクエア店プラスGEO／くまざわ ららぽーと船橋店／ジュンク堂南船橋店／文教堂下総中山駅店／未来屋船橋／くまざわ馬込沢店／ACADEMIAくまざわ津田沼パルコ店[鎌ヶ谷市]未来屋鎌ケ谷／くまざわ新鎌ヶ谷店[習志野市]くまざわ津田沼店／未来屋津田沼／TSUTAYA津田沼店／丸善津田沼店[八千代市]くまざわ勝田台店／TSUTAYA勝田台店／ときわ書房八千代台店／くまざわ八千代台店／未来屋八千代緑が丘[柏市]ジュンク堂柏モディ店／文教堂新柏店／くまざわ柏髙島屋ステーションモール店／未来屋柏／KaBoSららぽーと柏の葉店／紀伊國屋セブンパークアリオ柏店[野田市]TSUTAYA七光台店[浦安市]文教堂浦安西友店／有隣堂アトレ新浦安店／未来屋新浦安[四街道市]くまざわ四街道

定価1,320円（税込）

2021年 9月号

中学受験　秋からの志望校選びと過去問本格開始！

実際の志望校選びと併願をどうするか、志望校が決定した場合の過去問をどう始めていけばいいのか。今回はこの二大ミッションを大特集！

私立中高一貫校レポート

逗子開成

1クラス1日密着ルポ

大妻中野

紹介校　渋谷教育学園幕張・湘南白百合学園・山手学院・早稲田実業学校　ほか

2021年 8月号

中学受験　夏の学びと過去問の準備

合格につながる夏にするために学力をアップさせる7カ条＋1の法則の他、夏期講習をより効果的にする方法や苦手科目の弱点克服法を伝授。

紹介校　成城学園・本郷　ほか

○2021年3&4月号
中学受験塾へGO！

1クラス1日密着ルポ　順天

紹介校　栄東・盛岡白百合学園　ほか

○2021年1&2月号
すべては合格のために！

1クラス1日密着ルポ　聖ヨゼフ学園

紹介校　共立女子・豊島岡女子学園・本郷・横浜雙葉　ほか

○2020年12月号
入試を突破する５つの「カギ」

1クラス1日密着ルポ　立正大学付属立正

紹介校　聖学院　ほか

電子版あります！

ご購入は以下の電子書店をご利用ください。

- au ブックパス
- au Wowma!
- ebookjapan
- BookLive!
- ヨドバシ.com
- Neowing
- Sony Reader Store
- Fujisan.co.jp

価格1,210円（税込）

天一書房日吉店・ACADEMIA港北店・ブックファースト モザイクモール港北店・紀伊國屋書店ららぽーと横浜店・有隣堂たまプラーザテラス店・ブックファースト青葉台店・八重洲ブックセンター京急百貨店上大岡店・アシーネ金沢八景・有隣堂厚木店・三省堂書店海老名店・島森書店鎌倉店・伊勢治書店ダイナシティ店・有隣堂テラスモール湘南店・くまざわ書店辻堂湘南モール店・ジュンク堂書店藤沢店・有隣堂藤沢店・くまざわ書店相模大野店・未来屋書店相模原 **千葉** 三省堂書店そごう千葉店・未来屋書店幕張新都心・幕張蔦屋書店・紀伊國屋書店流山おおたかの森店・ジュンク堂書店南船橋店・くまざわ書店津田沼店・丸善津田沼店・ジュンク堂書店モディ柏店・KaBoSららぽーと柏の葉店・未来屋書店新浦安・未来屋書店成田 **埼玉** 紀伊國屋書店浦和パルコ店・須原屋本店（さいたま市）・紀伊國屋書店さいたま新都心店・三省堂書店大宮店・ジュンク堂書店大宮髙島屋店・須原屋川口前川店・明文堂書店TSUTAYA戸田・須原屋武蔵浦和店・Book Depot書楽（さいたま市）・旭屋書店新越谷店・リブロららぽーと富士見店・ブックファースト ルミネ川越店・丸善丸広百貨店東松山店・ブックマルシェ上尾店 **茨城** フタバ図書TERA守谷店・川又書店県庁店・未来屋書店水戸内原 **栃木** 喜久屋書店宇都宮店・落合書店イトーヨーカドー店（宇都宮市） **北海道** MARUZEN＆ジュンク堂書店札幌店 **愛知** 三省堂書店名古屋本店・丸善名古屋本店・ちくさ正文館ターミナル店（名古屋市） **大阪** ジュンク堂書店大阪本店・MARUZEN＆ジュンク堂書店梅田店・ジュンク堂書店天満橋店・紀伊國屋書店天王寺ミオ店・ジュンク堂書店上本町店・ジュンク堂書店近鉄あべのハルカス店・喜久屋書店阿倍野店・ジュンク堂書店難波店・田村書店千里中央店 **京都** 大垣書店イオンモール京都桂川店・大垣書店イオンモールKYOTO店・丸善京都本店・大垣書店二条駅店 **兵庫** ジュンク堂書店三宮店・ジュンク堂書店西宮店・ブックファースト阪急西宮ガーデンズ店 **広島** 丸善広島店 **愛媛** 紀伊国屋書店いよてつ髙島屋店（松山市） **福岡** 喜久屋書店小倉店・ブックセンタークエスト小倉本店 **大分** ジュンク堂書店大分店 **鹿児島** ジュンク堂書店鹿児島店 **沖縄** ジュンク堂書店那覇店

●『進学レーダー』販売書店一覧はP102をご覧下さい。

進学レ～ダー（中学受験）のバックナンバー

2021年 11月号

中学受験　卒業後、子どもが社会で活躍する私学

私学のキャリアガイダンスや大学合格実績などを紹介。学校別の「入試の採点基準」も掲載しています。

私立中高一貫校レポート

立教池袋

紹介校　足立学園・大妻多摩・神奈川学園・カリタス女子・藤嶺学園藤沢・明星学園・茗溪学園　ほか

2021年 10月号

中学受験　合格をつかむ！　併願2022

第１志望校別に約90校の併願パターンを掲載。「併願作戦に役立つデータの見方」「先輩受験生の併願実例集」などもお届けします。

私立中高一貫校レポート

吉祥女子

１クラス１日密着ルポ

光英VERITAS

紹介校　鎌倉女学院　ほか

2021年 6&7月号

中学受験　男子校・女子校・宗教校の知られざる魅力

男子校・女子校の実録漫画や男子校卒業生同士による対談を掲載！　また、宗教校ならではの教育の深みに迫るインタビューも。

中高一貫校レポート

筑波大学附属

紹介校　桜美林・淑徳与野・白百合学園・清泉女学院・捜真女学校　ほか

2021年 5月号

中学受験　楽しい難関校

難関校の歴史を掘り下げ、学校同士のつながりにも触れながら私学の魅力を紐解きます。難関校の理解が深まる特集です。人気の鎌倉・湘南＆周辺エリアの私学の紹介も。

紹介校　駒場東邦・洗足学園　ほか

バックナンバーご購入方法

定期　便利な定期購読

定期購読は送料無料でご自宅にお届けします。お申し込みは[みくに出版WebShop]またはお電話で

書店　書店でご購入

右記のバックナンバー常備店でお求めいただくか、お近くの書店からご注文ください

電書　タブレットやスマートフォンでご購入

各電子書店でお求めいただけます

ＨＰ　みくに出版からご購入

電話：03-3770-6930　FAX：03-3770-6931

みくに出版WebShop　http://www.mikuni-webshop.com

※バックナンバーは特別号を含め約３年分ご注文いただけます（一部、品切れもございます）。

バックナンバー常備書店

東京　丸善丸の内本店・三省堂書店神保町本店・丸善お茶の水店・リブロ浅草店・文教堂赤羽店ブックストア談・ブックファースト ルミネ北千住店・ブックスキディランド亀有店・文教堂青戸店・未来屋書店南砂・ブックファースト アトレ大森店・MARUZEN＆ジュンク堂書店渋谷店・不二屋書店・三省堂書店下北沢店・三省堂書店経堂店・三省堂書店成城店・紀伊國屋書店玉川髙島屋店・文教堂二子玉川店・紀伊國屋書店新宿本店・旭屋書店池袋店・ジュンク堂書店池袋本店・三省堂書店池袋本店・ジュンク堂書店吉祥寺店・パルコブックセンター調布店・喜久屋書店府中店・紀伊國屋書店国分寺店・増田書店（国立市）・オリオン書房ノルテ店（立川市）・ジュンク堂書店立川髙島屋店・くまざわ書店八王子店・有隣堂セレオ八王子店・久美堂本店（町田市）・くまざわ書店桜ケ丘店・丸善多摩センター店　**神奈川**　紀伊國屋書店イトーヨーカドー川崎店・紀伊國屋書店武蔵小杉店・住吉書房元住吉店・丸善ラゾーナ川崎店・文教堂溝ノ口駅前店・文教堂溝ノ口本店・有隣堂新百合ヶ丘エルミロード店・KaBoS宮前平店・有隣堂横浜駅西口エキニア横浜店・紀伊國屋書店横浜店・三省堂書店新横浜店・